Multi Vision

バッティング

CONTENTS

PART 1 バッティングの基本

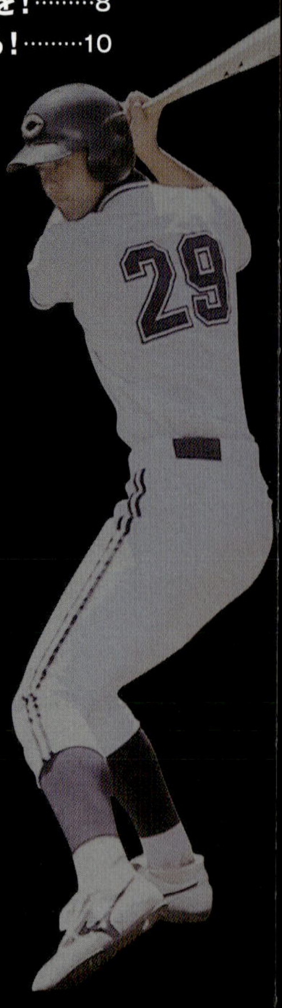

PART 2 コースの打ち分けとケースバッティング

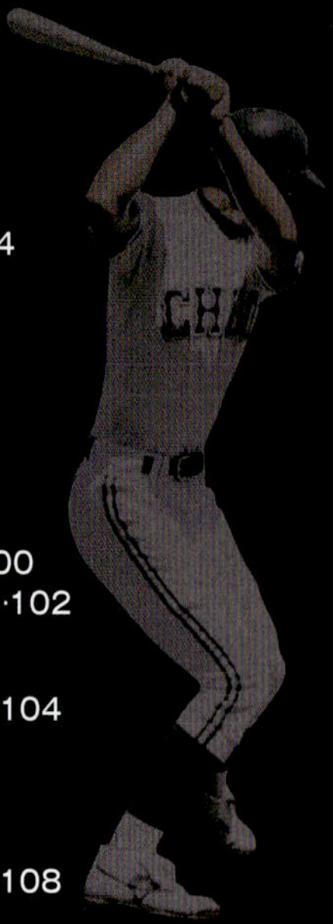

PART 3

バッティング練習法

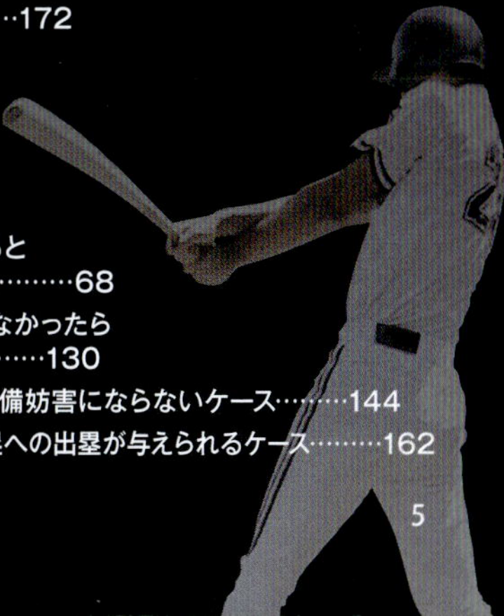

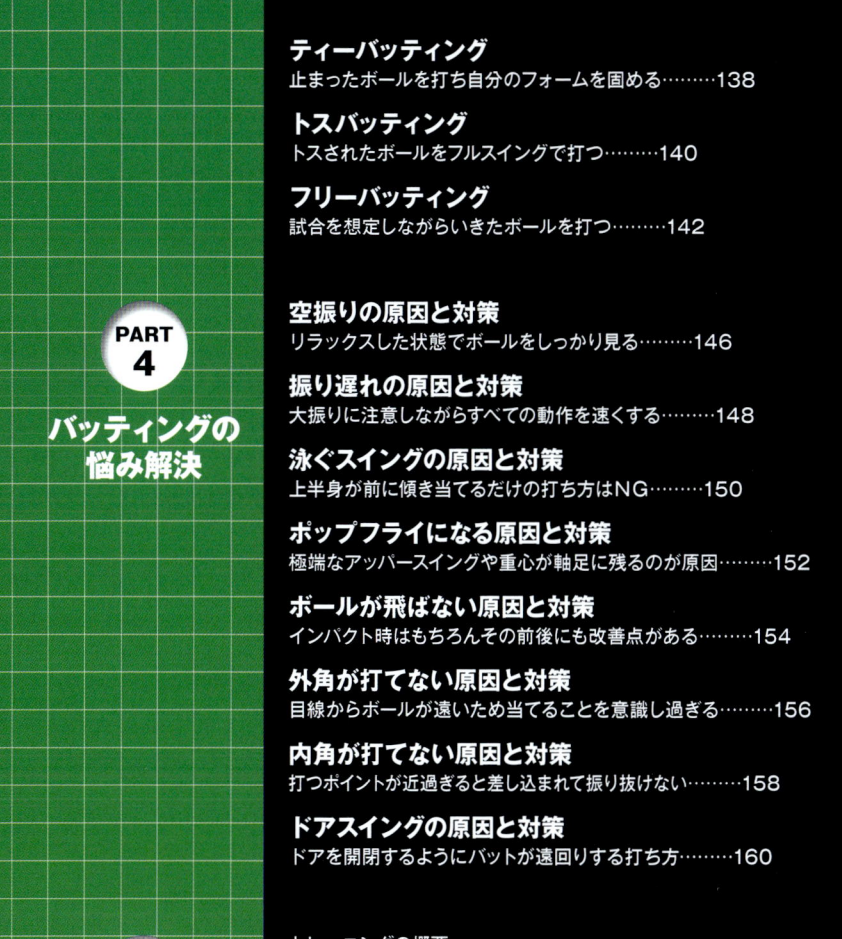

基本技術をカラダで覚える!

バッティングの基本であるバットの芯で捉えることを意識！

プロのバッターは、構えは選手それぞれに違う。ただ、バットがボールを捉える瞬間の形は、ほとんど変わらない。なぜなら野球における技術の基本とは誰にとっても共通であり、プロの選手たちも、小さな頃に磨いた基本を今も実践しているに過ぎないからだ。

金属バットはスイートスポットが広く、バットの根元に当たってもボールは飛ぶ。しかし、将来、大学や社会人、プロの世界に進んだとき、使うのは木製のバットである。芯に当たらなければ、ボールは飛ばない。したがって普段から芯でボールを捉えることを意識し、まずは基本技術をカラダで覚えてもらいたい。

一流選手の高度なバッティング技術を真似るのは基本を習得してから。あとでたくさんの枝葉をつけるためにも、今は土台となる幹の部分を育てておこう。

いつでも真剣に野球のことを考えよう！

打てない理由、その原因を解決するための努力を！

試合で打てない。なぜだろうか。その原因を自分自身で考えたり、監督やコーチからアドバイスをもらい、次の打席につなげていくことが大切だ。

それは練習でも同じことが言える。なぜ、この練習をやるのか。何のために必要な動きなのか。常に自分に問いかけ、わからないことがあればそのまま放置せず、周囲の人たちに聞く意識を持つようにしたい。

もちろん、これをやれば必ず打てるようになるという練習はない。

ただ、人よりうまくなりたいならば、日頃の練習を真剣に取り組むことはもちろん、ユニフォームを脱いだときに、どれだけ多く野球のことを考えられるかも重要である。

往年の名選手で、「打撃の神様」と言われた川上哲治さんは現役当時、電車の中ではつま先だけで立ち、脚の強化を怠らなかったという。たとえば他に駅の階段は２段ずつ駆け上がったり、木に止まっている鳥が飛び立った瞬間に、自分も素早く反応して動体視力を磨くこともできるだろう。グラウンド以外にも野球につながる練習方法はいくらでもある。

自信とは、自分が追い込んだ先にある！

最終的なゴールとそこに至るプロセスを意識する!

体力や技術と同じように大切なのが、精神面の強さである。自分をどれだけ追い込めるか。追い込んだ向こうに「自信」がある。そのためには明確な目的意識を持つことが重要だ。

「こんなバッティングをしたい」、「自分はこういう選手になりたい」という思いを持たなければいけない。そして、その目的を果たすためにどうすればいいかを考える。素振りを100回やろうとする場合、もっとも重要なのは100本やり切ることではなく、フルスイングでバットを振ることである。

最初は30回しかできないかもしれないが、時間が経つにつれて50、100回に到達する。それが、試合でバッターボックスに立ったときに、「自分はこれだけやってきた」という「自信」となる。

最終的なゴールと、そこに至るプロセスをしっかり意識することが、いいバッティングをする、いい選手になるための唯一の道なのである。

本書の使い方

本書は、野球の基本技術の習得を目指す人に向けて構成しました。一番の特徴は技術写真を様々な角度で撮影している点になります。マルチなアングルから動きを見ることで、今まで気づきにくかった部分に着目できます。野球上達に欠かせないのは何よりも基本です。基本技術を確実にマスターするためにも、お手本をじっくり見てイメージを膨らませてください。

Basic of Batting

PART バッティングの基本 下半身主導でカラダを動かす

下半身でボールを捉える意識を持つ

Side-1

CHECK! 力強いバッティングはすべて下半身から！

CHECK! 下半身→腰→腕→バットの順で動かしていく

1 重心を後方に移動させながら、軸足に大きなパワーをため込む。顔は相手投手の方に向けたまま、腰をひねるようにテイクバックを行う。

2 テイクバックが完了したら、ステップで前足を踏み出す。ステップは足を高く上げるほどパワーが出るが、バランスを崩しやすい面もある。

3 ひねった上体の反動を利用してスイングを開始。そのとき、後ろにあった重心を前方へ。前足のつま先が正面を向くと力が逃げてしまうので注意。

4 下半身で生み出したパワーは、腰や腕とカラダの上部へと伝わっていく。最後にバットのヘッドでボールを捉えると、力強いバッティングとなる。

下半身主導でカラダを動かす

下半身で大きな力を作り カラダの上部へ伝えていく

下半身主導のスイングが勢いのある打球を生み出す

腕の力だけに頼っては力強いボールは打てない

バッティングは最終的には、バットを手にした腕を振ってボールを打つ。しかし、腕の力だけに頼っていてはボールに勢いが生まれず、飛距離も出ない。大きな力を生み出すためには、まず下半身から始動させ、その力を腰、腕というように徐々にカラダの上部へと伝えていく。前方向への重心移動や腰の回転運動も力強いバッティングには不可欠だが、それも下半身主導がしっかりできてこその動きである。

40 41

基本ページ

この項目でもっとも大切なことを解説しています。

このページの内容、やり方、注意点などを解説しています。

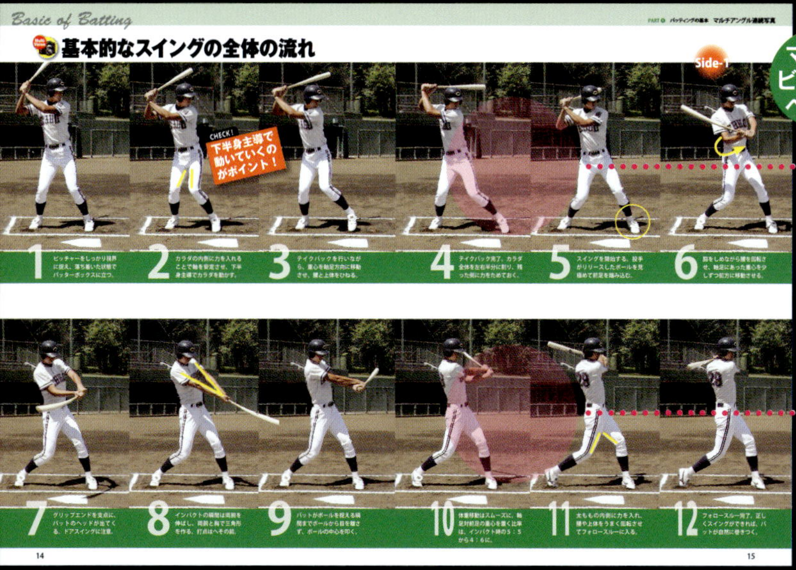

Basic of Batting

PART バッティングの基本 マルチアングル連続写真

基本的なスイングの全体の流れ

Side-1

CHECK! 下半身主導で動いていくのがポイント！

1 ピッチャーをしっかり視界に捉え、落ち着いた状態でバッターボックスに立つ。

2 カラダの内側に力を入れることで軸を安定させ、下半身主導でカラダを動かす。

3 テイクバックを行いながら、重心を軸足方向に移動させ、腰と上体をひねる。

4 テイクバック完了。カラダ全体を左右半分に割り、残った側に力をためておく。

5 スイングを開始する。投手がリリースしたボールを見極めて前足を踏み込む。

6 脇をしめながら腰を回転させ、軸足にあった重心を少しずつ前方に移動させる。

7 グリップエンドを支点に、バットのヘッドが出てくる。ドアスイングに注意。

8 インパクトの瞬間は両腕を伸ばし、両腕と胸で三角形を作る。打点はへその前。

9 バットがボールを捉える瞬間までボールから目を離さず、ボールの中心を叩く。

10 体重移動はスムーズに。軸足対前足の重心を置く比率は、インパクト時の5：5から4：6に。

11 太ももの内側に力を入れ、腰や上体をうまく回転させてフォロースルーに入る。

12 フォロースルー完了。正しくスイングができれば、バットが自然に巻きつく。

14 15

マルチビジョンページ

連続写真と動きの解説です。ポイントとなる部分は強調するマークがついています。

同じ動きを別のアングルから紹介しています。動きのイメージを膨らませてください。

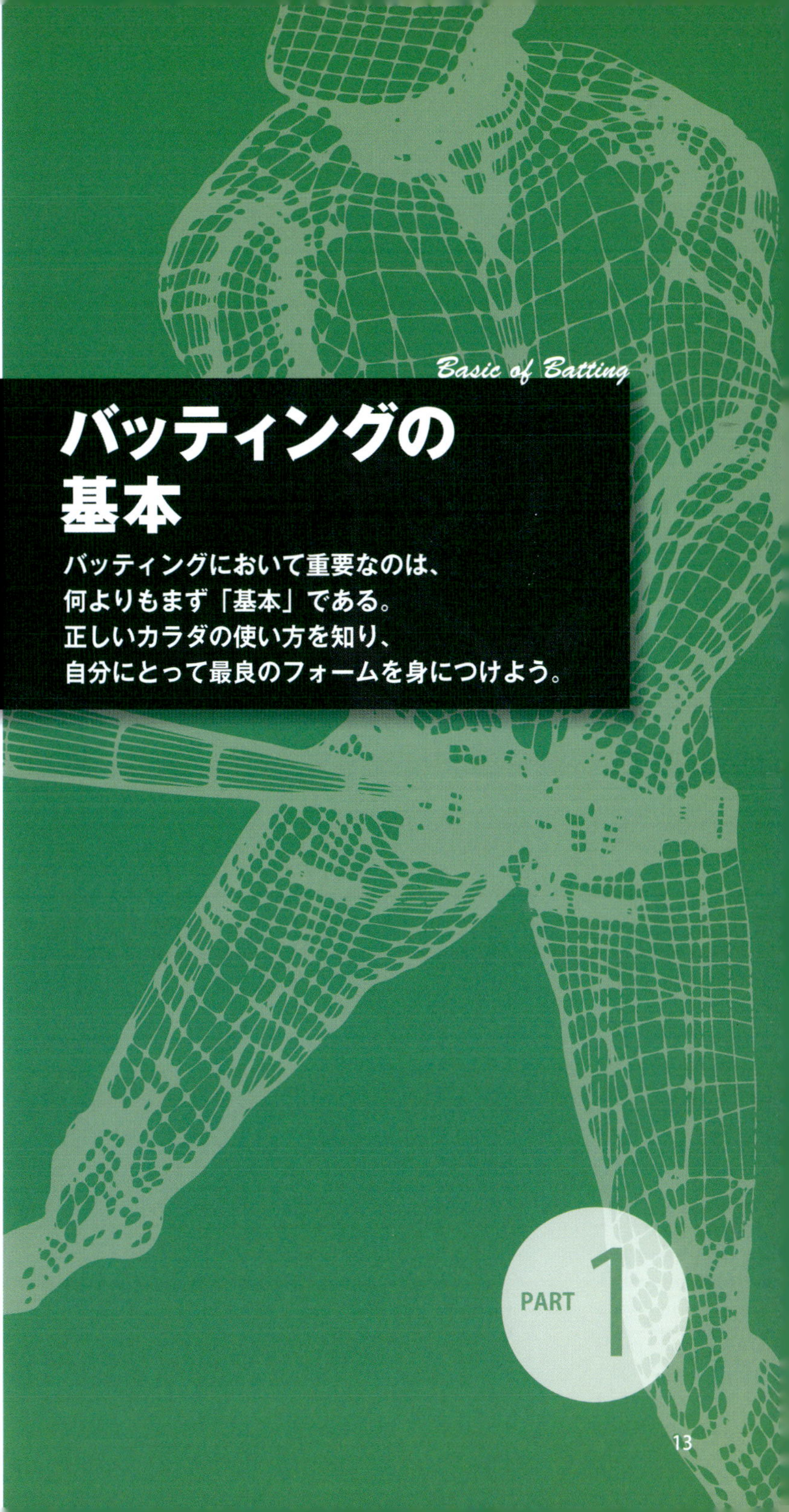

Basic of Batting

バッティングの基本

バッティングにおいて重要なのは、
何よりもまず「基本」である。
正しいカラダの使い方を知り、
自分にとって最良のフォームを身につけよう。

PART 1

基本的なスイングの全体の流れ

CHECK！
下半身主導で
動いていくの
がポイント！

1 ピッチャーをしっかり視界に捉え、落ち着いた状態でバッターボックスに立つ。

2 カラダの内側に力を入れることで軸を安定させ、下半身主導でカラダを動かす。

3 テイクバックを行いながら、重心を軸足方向に移動させ、腰と上体をひねる。

7 グリップエンドを支点に、バットのヘッドが出てくる。ドアスイングに注意。

8 インパクトの瞬間は両腕を伸ばし、両腕と胸で三角形を作る。打点はへその前。

9 バットがボールを捉える瞬間までボールから目を離さず、ボールの中心を叩く。

4 テイクバック完了。カラダ全体を左右半分に割り、残った側に力をためておく。

5 スイングを開始する。投手がリリースしたボールを見極めて前足を踏み込む。

6 脇をしめながら腰を回転させ、軸足にあった重心を少しずつ前方に移動させる。

10 体重移動はスムーズに。軸足対前足の重心を置く比率は、インパクト時の5：5から4：6に。

11 太ももの内側に力を入れ、腰や上体をうまく回転させてフォロースルーに入る。

12 フォロースルー完了。正しくスイングができれば、バットが自然に巻きつく。

正面から見たスイング

1 あごを引いて、顔を正面に向ける。両目で相手投手をしっかり見て構える。

2 下半身からカラダを動かし、腰と上体をしっかりひねってボールを弾き返す力をためる。

3 ひねった反動を利用してスイングを始める。タイミングは前足のステップによって取る。

背中側から見たスイング

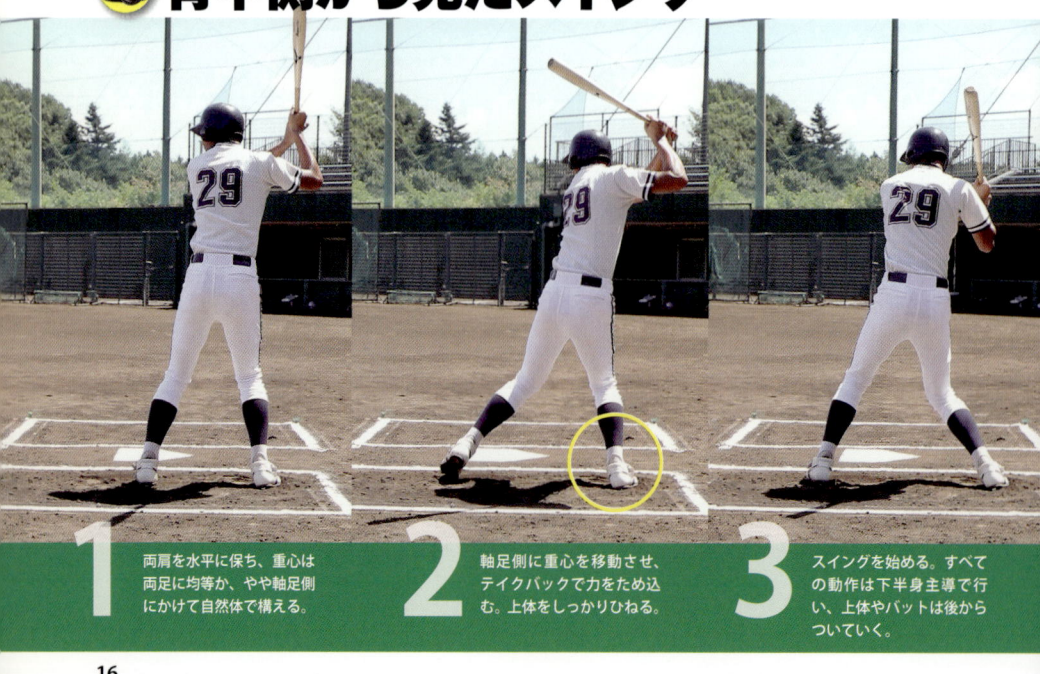

1 両肩を水平に保ち、重心は両足に均等か、やや軸足側にかけて自然体で構える。

2 軸足側に重心を移動させ、テイクバックで力をため込む。上体をしっかりひねる。

3 スイングを始める。すべての動作は下半身主導で行い、上体やバットは後からついていく。

4 インパクトの前に顔を上げてしまいがち。バットに当たる瞬間もボールを見る。

5 頭を動かさずにフォロースルーに入ると、カラダのバランスが崩れにくくなる。

6 バットを途中で止めないで最後まで振り抜く。カラダに巻きつけるイメージ。

4 インパクトでは重心は両足均等に。この瞬間にグリップをぎゅっと強く握る。

5 太ももの内側に力を入れ、そこを軸にして腰を回転させると、強い打球が打てる。

6 インパクトでボールを強く押し出せたときには、自然と大きなフォロースルーになる。

キャッチャー側から見たスイング

1 構えの段階からバットを強く握らない。両手の小指側に力を入れる感覚で緩く握って構える。

2 前の腕が伸び切るほどの大きなテイクバックは、スイングの始動に時間がかかってしまう。

3 バットはグリップがカラダに近いところを通って先に前に出る。遅れてヘッドが出てくる。

真上から見たスイング

1 立つ位置は自由。ホームベースの前か、ややキャッチャー側に立つのが一般的。

2 テイクバックではヘッドの位置を頭上で固定し、グリップは上下動をさせない。

3 スイングを開始したら、軸足にあった重心を前方へ。カラダの軸がぶれないように注意する。

4 追い込まれたとき以外、際どいボールを無理に打たないようにする。甘いボールを確実に狙う。

5 重心は前足に乗っている。軸足に残っているのは、ためた力を使いきれていない証拠だ。

6 力強いスイングができていれば、無意識に大きなフォロースルーにつながる。

4 どのコースを打つときもヒッティングポイントはへその前。両腕を伸ばして打つ。

5 両腕と胸で三角形を作ってボールを捉える。その瞬間もボールから目を離さない。

6 インパクト時は軸足対前足が5：5だった重心は、スイング終了時に4：6に変わる。

バットの選び方や打席での構えは基本的に自由である

自分がもっとも扱いやすいバットを見つけよう

監督やコーチの意見を取り入れる

ルールの範囲内であれば、バットの選び方や打席での構え方は基本的に自由である。目指す選手のタイプや体格によって１人１人違うので、こうやらなければいけないという正解はない。自分がもっとも扱いやすいバットを選択し、バットをスムーズに振り始めることのできる構えでボールを待つようにする。

チームの監督やコーチ、チームメイトの意見を取り入れながら、いろいろと試し、自分なりのバットの選び方や構え方を見つけてほしい。

バットを選ぶ

軽過ぎず、重過ぎない
自分に合ったバットを選ぶ

実際に振ってみてスイングが崩れるようなバットはNG

体格やどういうタイプのバッターかによって選ぶバットも変わってくるが、自分が振りやすいバットを選ぶことが何よりも重要だ。

振りやすいバットが自分に最適なバット

一般的にバットは、身長や筋力のあるバッターは長め、ミート狙いが中心のバッターは短めでグリップが太めのバットが合うといわれている。しかし、重要なのは自分が振りやすいかどうか。軽過ぎると反発が弱くなり、ボールが飛ばないし、重過ぎるとスムーズなスイングができない。実際に振ってみて、違和感のないバットを選ぶようにしよう。長さはグリップで調整できるので、それほど神経質になる必要はない。

CHECK!
バットは軽過ぎると飛ばない。重過ぎるとスイングしづらい！

両手でバットを持ってみると、違いを比較しやすい。軽過ぎず重過ぎず、自分がスムーズにスイングできるバットを選ぼう。

○ 第2関節を1本の線でつなげる

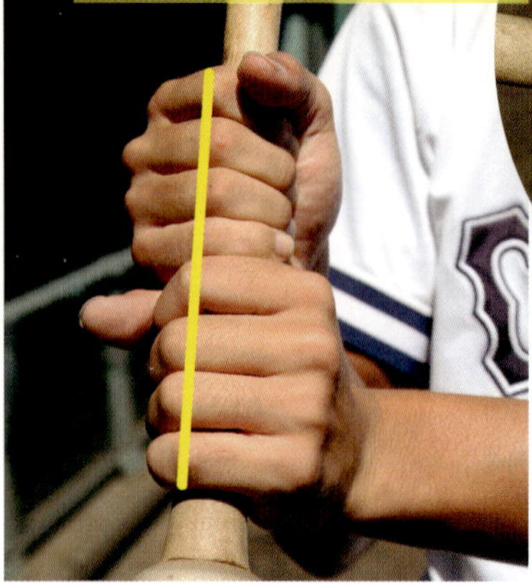

両手首を反らせるように握ることで、自然と脇が閉まり、リラックスした構えになる。両手の第2関節が1本の線でつながるのが理想。

親指以外の指のつけ根あたりでバットを握る。フィンガーグリップとも呼ばれる握り方で、思い通りのバットコントロールを可能にする。

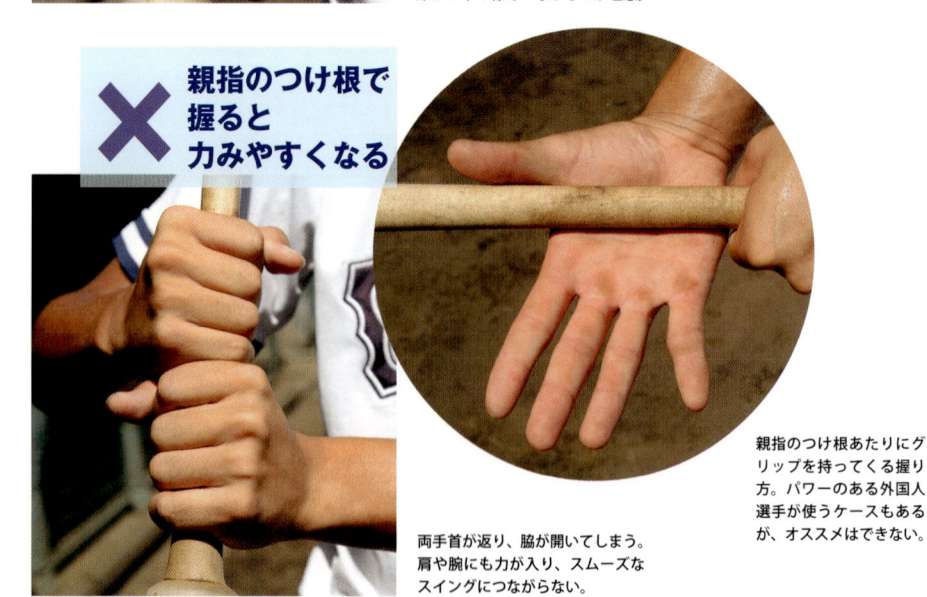

× 親指のつけ根で握ると力みやすくなる

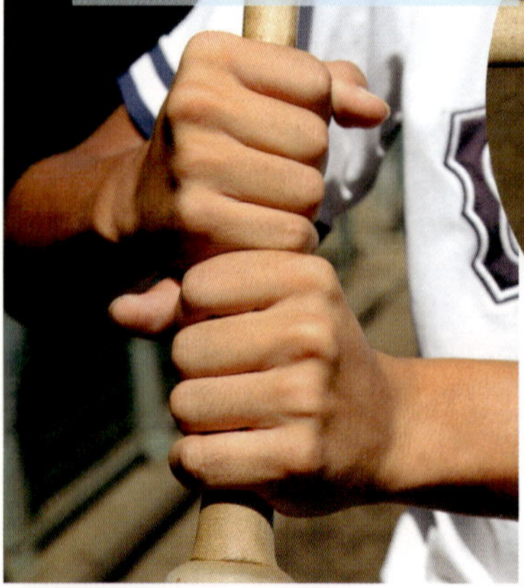

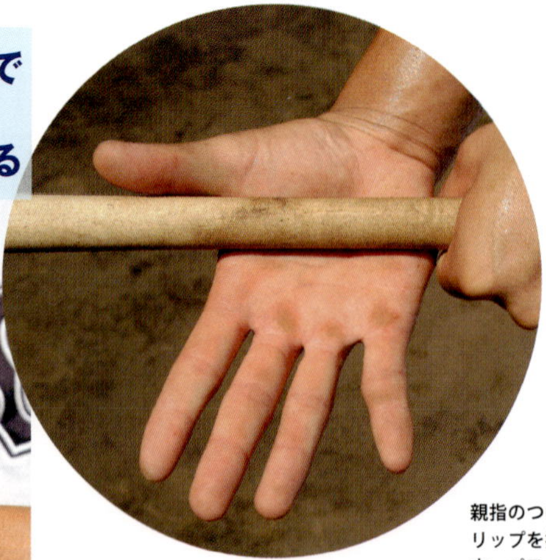

両手首が返り、脇が開いてしまう。肩や腕にも力が入り、スムーズなスイングにつながらない。

親指のつけ根あたりにグリップを持ってくる握り方。パワーのある外国人選手が使うケースもあるが、オススメはできない。

グリップの握り

スイング開始までは緩く インパクトの瞬間は強く

構えの段階では両手の小指側に力を入れるように握る

左バッターの握り方

左打者も考え方は同じ。フィンガーグリップで緩く握っておき、インパクトの瞬間だけ強く握るようにする。

手首を返して握ると、自然と脇が開いてしまい、バットコントロールがしにくくなる。

バッティンググローブ着用時の握り方

バッティンググローブにはグリップのすべり止めに加え、ケガの防止や防寒などの役割もある。

片手だけはめるのも、両手だけはめるのも人それぞれだが、購入の際ははめた状態で、バットを握ってみること。

グリップはバットと自分との唯一の接点

右打者であれば、左手の上に来る右手は親指以外の指のつけ根部分で握るイメージだ。ただし、バットは構えの段階から強く握っていてはいけない。初めに力が入っている状態では、それ以上力を入れることができず、あとは緩めるしかないからだ。構えからスイングを開始するまでは、両手の小指側に力を入れる感覚で緩く握っておく。スイングを開始し、インパクトの瞬間にギュッと強く握るようにしよう。

バッターボックスでの立つ位置

自分の力がより発揮できる位置に立つ

速球にはキャッチャー寄り、変化球ではやや前に立つのが有効

バッターボックス内であれば、立つ位置は自由。ただし、足を完全にバッタースボックスの外に置いて打った場合はアウトになるので注意が必要だ。

Multi Vision

理想はストライクゾーンに入ってくるすべてのボールにバットが届くこと。それを踏まえた上で、状況に応じた立ち位置を決めたい。

CHECK!
スイング時に
動かさない。
軸足の位置か
ら決める！

速球に対してはキャッチャー寄りに立つのが効果的。ピッチャーのリリース後、ほんのわずかではあるが、長い時間ボールを見ることができる。

変化球が多い投手にはピッチャー寄りに立つのがいい。ボールが大きく変化する前に、ボールを捉えられるという利点がある。

相手が内角を鋭く突いてくる投手だったり、内角を打つのが苦手なバッターは、ホームベースから離れて立つ。しかし、外角には対応しづらくなる弱点もある。

約 1.9 m× 1.2 mの バッターボックスを有効に使う

バッターボックス内では、どの位置に立って構えてもいい。相手投手のタイプや自分の得意なコースなどを考えながら、ヒットが出る可能性の高そうな位置に立つようにしたい。

一般的には、ホームベース側のラインからグリップ一つ分ほど離れ、ベースの中心を通る線の延長上に、カラダの中心もしくは左半身がくる位置に立つ。

ただし、送りバントを行う場合は、バッターボックスの一番前に立つことが多い。これはフェアゾーンをできるだけ広げ、ファウルになる可能性を軽減するためだ。バッターボックスの外に足を踏み出して打つと即アウトになるので（足が空中にあるときは問題ない）、注意しよう。

構え

スムーズに動き出すためにできる限り自然体で立つ

こうしなければいけないという決まった構え方はない

グリップの位置が肩の高さにくるように構えるのが一般的。それより高くすると、相手に威圧感を与えられるが、振り遅れやすくなるので注意。

両肩を水平に保ち、重心は両足に均等か、やや軸足側にかけておく。そうすることで、スイングを開始してからの体重移動がしやすくなる。

あごを引いて、顔を正面に向け、両目でピッチャーをしっかり見る。背筋を伸ばし、ヒザをやや曲げた状態の自然体で立つ。

構え方一つで
相手投手にプレッシャーを
与えることもできる

CHECK！
過度に緊張せずに堂々と構えること！

ピッチャーをしっかり視界に捉え、落ち着いた状態でバッターボックスに立てることが理想。

○

バットを寝かせるのはアベレージバッタータイプに適している

構えるときにバットは立てずに寝かせてもい
い。立てた状態からスイングするより飛距離
は望めないが、ミートの確実性は高まる。

バットを寝かせて構えるときも、グリッ
プの位置の高さは変えないこと。肩から
顔ぐらいの高さにくるようにする。

その他の構え方

確実なミートを狙うなら バットを寝かせて構える

あくまでも次のスイング動作に入りやすい構えをする

✕ ひじを張って構えると力みが生じ、スムーズにスイングできない

右の脇が大きく開いてしまっている。ひじを張ると肩に力が入ってしまい、バックスイングを取ることが難しくなる。

✕ グリップが低過ぎるとバットスピードが十分に上がらない

グリップの位置が低過ぎる。下から振り上げるアッパースイングとなり、ボールの下をこすってポップフライになりやすい。

カラダの内側に力を入れる

内転筋に意識を集中させ ブレのない1本の軸を作る

太ももの内側を絞り、土台となる下半身を安定させる

Side-1

CHECK!
安定した土台と
軸は内転筋への
意識がカギ!

バットを振ると遠心力が働くが、体幹にある軸が安定すれば、バットが自然とカラダに巻きつき、力が外に逃げない。

カラダが開くことで ためた力がいかされない

バッティングやピッチングを問わず、野球のプレーにおいて「カラダが開く」動きは基本的に好ましくない。軸がブレ、せっかくためたパワーを外部に放散させてしまうからだ。土台となる下半身を安定させるためには、内転筋と呼ばれる両ももの内側を絞るような意識を持つ。それによって上体にもしっかりした軸ができ、スイングの際に泳いだり、遠心力でブレたりすることがなくなる。

内転筋を絞ることで、上体に軸ができる。これに巻きつけるイメージでスイングすることを目指す。

カラダが開くと、スイング時に左脚で作る壁ができない。結果、泳いだスイングや不安定なバッティングの原因になる。

Multi Vision
Multi Vision

両足は肩幅よりやや広く開き、ヒザを軽く曲げる。重心は左右均等、もしくはやや軸足に乗せ、足の裏全体で立つのではなく、つま先側で立つイメージだ。すべては素早い始動とスムーズな体重移動を行うため。

重心を低く保つ

肩幅よりやや広いスタンスでヒザを軽く曲げる

素早く始動するために、体重はややつま先側に乗せる

CHECK !
棒立ちの状態から鋭い振りは生まれない！

ヒザを伸ばしたままの構えでは、スイングの始動が遅れ、体重移動も行えないことでボールの飛距離も出ない。

Zoom Up

CHECK !
スタンスは狭過ぎても広過ぎてもいけない！

スタンスが狭過ぎると、スイングの安定感を欠き、スタンスが広過ぎると、前足をステップできずパワーを生み出せない。

力まずにリラックス

余計な力は抜いて インパクトで力を込める

肩を小さく上下させたり、腕をゆする動きでも脱力できる

○ リラックスしていることでスイングスピードとインパクト時のパワーを生み出せる

CHECK! バッターボックスに入る前に深呼吸をしてみよう

構える際、必ず静止していないといけないわけではない。肩を上下させたり腕をゆすったりする予備動作で、カラダ全体をリラックスさせてもいい。

力んだ構えから いいバッティングは生まれない

P24のグリップと同様、カラダ全体においても「力み」は禁物である。余分な力が入ると、スイングからスピードや正確性が損なわれ、結果として凡打や空振りに終わってしまうことが多い。重要なのは、全身の力を結集させ、それをインパクトの瞬間にバットのヘッドに伝えること。バッターボックスに入る前に深呼吸をし、肩の力を抜いて構えてみよう。小さな予備動作を入れてみるのも効果的だ。

✕ グリップの握りと同様、全身の力みもバッティングには禁物！

広過ぎるスタンスや脇が大きく開いた構えでは、余計な力が入りがち。インパクトの瞬間に、最大限の力をバットに集めることに集中する。

テイクバックからスイング始動までの前半部分がバッティングでは大事だ

下半身主導でカラダを動かし、力を効率よくバットに伝えよう

下半身主導でカラダを動かす

相手投手から投げられたボールに対し、バッターが反応して打ち返す。バットがボールを捉えるまでの段階で、勝負の半分以上は決まってしまうと言っていい。テイクバックからスイング始動を経て、インパクトを迎えるまでの流れは、それぐらいバッティングの成否に大きな影響を及ぼすのだ。

重要なのは下半身主導でカラダを動かすこと。力をしっかりと蓄え、それを効率よくバットに伝えられるかどうかがスイング前半部分のカギになる。

下半身でボールを捉える意識を持つ

CHECK！
力強いバッティングはすべて下半身から！

1 重心を後方に移動させながら、軸足に大きなパワーをため込む。顔は相手投手の方に向けたまま、腰をひねるようにテイクバックを行う。

2 テイクバックが完了したら、ステップで前足を踏み出す。ステップは足を高く上げるほどパワーが出るが、バランスを崩しやすい面もある。

下半身主導でカラダを動かす

下半身で大きな力を作り カラダの上部へ伝えていく

下半身主導のスイングが勢いのある打球を生み出す

CHECK！
下半身→腰→腕
→バットの順で
動かしていく

Side-1

3 ひねった上体の反動を利用してスイングを開始。そのとき、後ろにあった重心を前方へ。前足のつま先が正面を向くと力が逃げてしまうので注意。

4 下半身で生み出したパワーは、腰や腕とカラダの上部へと伝わっていく。最後にバットのヘッドでボールを捉えると、力強いバッティングとなる。

腕の力だけに頼っては力強いボールは打てない

バッティングは最終的には、バットを手にした腕を振ってボールを打つ。しかし、腕の力だけに頼っていてはボールに勢いが生まれず、飛距離も出ない。大きな力を生み出すためには、まず下半身から始動させ、その力を腰、腕というように徐々にカラダの上部へと伝えていく。前方向への重心移動や腰の回転運動も力強いバッティングには不可欠だが、それも下半身主導がしっかりできてこその動きである。

テイクバックによって力をためる

バットを後方に引き その反動を利用して振る

同時に軸足方向に重心を移動させ、腰と上体をひねる

1 軸足方向への重心移動を行いながら、バットを後方に引いていく。ヘッドの位置は頭上で固定し、グリップを上下させない。

2 重心が軸足に乗りきる。ほぼ一本足で立つことになりバランスを崩しやすいが、軸足の内側に力を入れる意識を持つと安定する。

3 バットを引いた力と、腰と上体のひねりの反動を最大限に利用して、スイングに入っていく。遠くに飛ばそうと力まないこと。

ヘッドは頭上で固定し グリップは上下させない

テイクバックとは、ボールを打つためにバットを後方に引く動作のこと。このとき同時に、重心を軸足方向に移動させ、腰と上体をしっかりひねることで、ボールを弾き返すパワーを作り出す。テイクバックの際はヘッドの位置を頭上で固定し、グリップは上下動をさせないことがポイント。ただし、前の腕が伸びきってしまうほどの大きなテイクバックでは、スイングの始動に時間がかかり、確実性も低くなる。

テイクバックは、軸足方向への重心移動と、腰と上体のひねりによって、さらに大きなパワーを生み出す。

CHECK!
バットのヘッドを頭上で固定する！

とんかちを使うときも一度、引いて反動をつけないと、釘は打てない。その引く動作がバッティングにおけるテイクバックだ。

前足のステップでタイミングを取る

相手投手のリリース後に ボールを見極めて踏み込む

ストレートに重点を置きつつ、変化球にも対応するのが基本

Multi Vision

テイクバックの後に行うステップには、ボールとのタイミングを合わせる目的がある。踏み込むと同時に腰が回転し、スイングが開始される。

Multi Vision

打つ、打たないは別に、打つ準備だけはしておく

Side-1

1 軸足方向に重心を移動し、テイクバックが完了したら、次はステップでタイミングを計る。

2 一本足になるときはタイミングを崩しやすい。軸足の内側に力を入れてカラダ全体がぶれないようにする。

3 ボールをしっかり見極めてからステップを開始。予想より遅いボールのときは焦らずにゆっくり踏み込む。

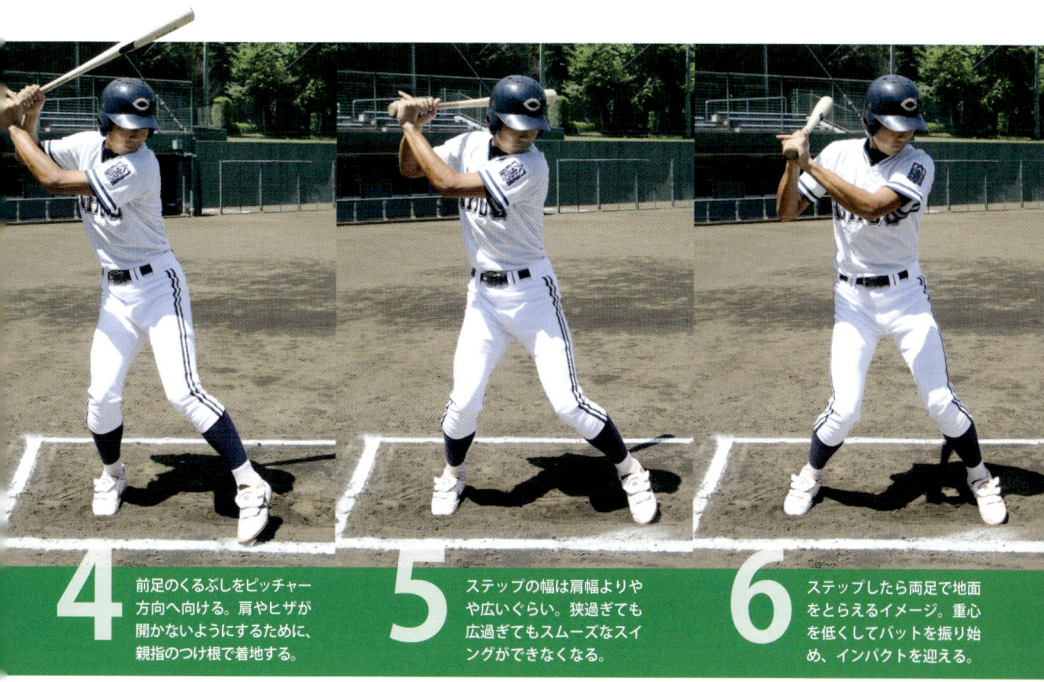

4 前足のくるぶしをピッチャー方向へ向ける。肩やヒザが開かないようにするために、親指のつけ根で着地する。

5 ステップの幅は肩幅よりやや広いぐらい。狭過ぎても広過ぎてもスムーズなスイングができなくなる。

6 ステップしたら両足で地面をとらえるイメージ。重心を低くしてバットを振り始め、インパクトを迎える。

カラダ全体を左右半分に割る

左右に分けたカラダをそれぞれ反対方向に動かす

カラダを“割る”動きは野球における基本的動作の一つ

軸を崩さないためにも、左右それぞれの方向にカラダを割ってバランスを保つ。

Side-1
1
2
3

Multi Vision
Side-2
1
2
3

片側はボールを迎えに逆側はスイングの準備

テイクバックから前足のステップまでの一連の動きを考えるとき、カラダを左右半分ずつに割り、それぞれ反対方向に動かせるかどうかが重要になってくる。これはピッチングやスローイングでも同じことが言えるが、打者の場合、右利きなら左半身はボールを迎えに行きながら、右半身は後ろに残したまま、スイングの準備をしておくわけだ。カラダの左右を同時に同方向に動かさないこと。

甘いボールだけを打つ

すべてを打ちにいきながら打てるボールを確実に打つ

甘く入ってきたボールや相手投手の失投を見逃さない

いい投手がベストピッチングをした場合、どれほど優れた打者でもすべてのボールをヒットにすることは難しい。

ストライクゾーンは
「打者の肩の上部とユ
ニフォームのズボンの
上部との中間点に引い
た水平のフインを上限
とし、ひざ頭の下部の
ラインを下限とする本
塁上の空間」と定めら
れている。

ストライクゾーン以外のボールはなるべく見逃す。手が出てしまいヒットにするのが難しいときも、できるだけファウルに逃げたい。

脇をしめると、カラダの内側に力が集まる

Side-1
CHECK!
脇が開くとインコースに対応しづらい

1 バットを両方の手のひらに乗せるように抱えたまま、インパクトまでの腰の回転運動を行う。

2 脇が開くことのデメリットの一つは、インコースに対応しづらい点。いわゆる「ヒジをたたむ」打ち方が効果的。

3 この動きで脇をしめたスイングと、グリップエンドを支点にヘッドが弧を描く理想的なバットの軌道が身につく。

スイングは脇をしめて行う

バットを抱え持って脇を開かない意識を持つ

バットはグリップエンドを支点にヘッドが弧を描く

Multi Vision

Back

1 バットのヘッドが遠回りをして出てきてしまう「ドアスイング」は、脇が開いていることが原因の一つ。

2 脇をしめたスイングでは、カラダと腕に一体感が生まれ、安定感と力強さのあるバッティングを可能にする。

3 タオルや帽子を脇に挟んでスイングする方法もある。右打者は右脇に、左打者は左脇に挟む。

パワーを外に逃がさず脇をしめてスイング

P32-33でも触れたように、カラダの内側に力を入れることがバッティングの基本。それに関連し、スイングは脇をしめて行う。バットのヘッドがカラダから遠過ぎ軌道を描くと、遠心力によってパワーが外に逃げてしまうからだ。バットはグリップが先に前に出て、インパクトまではグリップエンドを支点にヘッドが弧を描くのが理想。写真のようにバットを抱え持って腰を回転させると、軌道がイメージしやすい。

インパクトを迎えるまでのスイング前半部分を確認

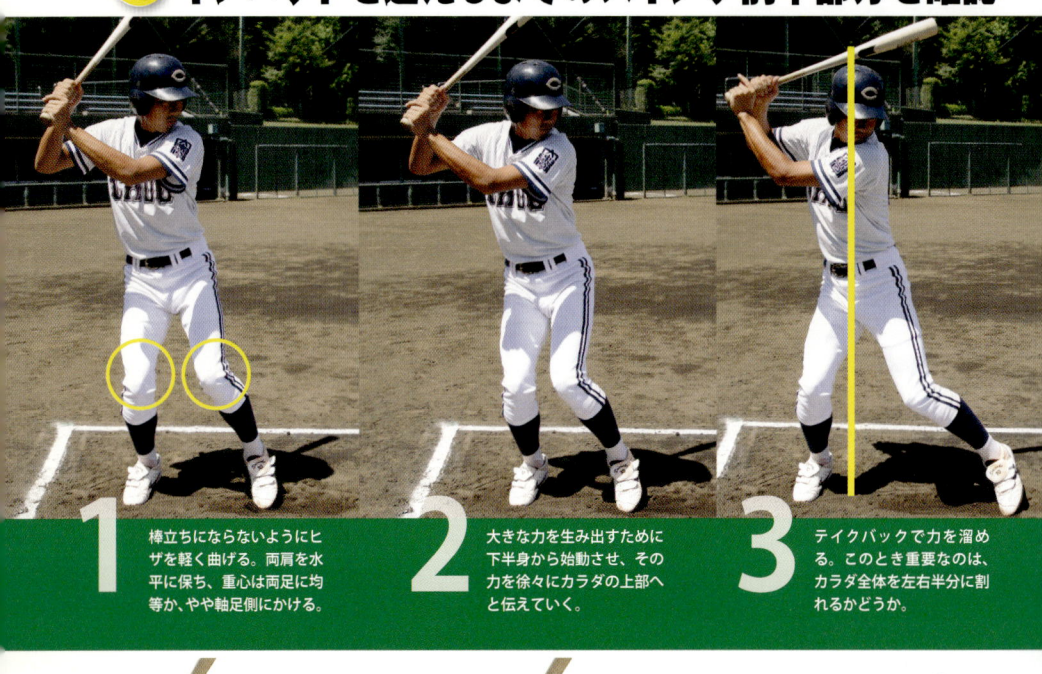

1 棒立ちにならないようにヒザを軽く曲げる。両肩を水平に保ち、重心は両足に均等か、やや軸足側にかける。

2 大きな力を生み出すために下半身から始動させ、その力を徐々にカラダの上部へと伝えていく。

3 テイクバックで力を溜める。このとき重要なのは、カラダ全体を左右半分に割れるかどうか。

1 確実なミートを狙うために、バットを寝かせて構えてもOK。落ち着いた状態で立つことが重要だ。

2 追い込まれるまでは甘いボールだけを狙うようにしたい。インパクトまではグリップを強く握りすぎない。

3 右打者であれば、左半身はボールに向かっていき、右半身は後ろに残った状態でバットを強く振る準備をしておく。

4 スイング開始。リリースされたボールを見極めて前足を踏み込む。想定より遅いボールは焦らずにゆっくり踏み込むこと。

5 バットのヘッドがカラダから遠い軌道を描くと、遠心力でパワーが外に逃げてしまう。ドアスイングに注意。

6 ヒッティングポイントまではバットのヘッドが最短距離を通るように。ボールをしっかり見てインパクトを迎える。

4 腰を回転させながら、軸足側にあった重心を少しずつ前足に移動していく。

5 脇をしめたスイングの習得には、バットを両方の手のひらに乗せ、テイクバックからインパクトまでの腰の回転運動を行う。

6 テイクバックでためた力を最大限に発揮するために、スムーズな体重移動を意識したい。

ボールをしっかり見て 強く鋭い打球を生み出す意識を持つ

どんなにいいスイングもバットが正確にボールを捉えてこそ

チームメイト同士で フォームをチェック

スイング前半部分で最大限の力をためることができても、バットが正確にボールを捉えなければ、空振りやファウル、もしくは勢いのない当たりになってしまう。ボールをしっかり見て、強く鋭い打球を生み出す意識を持ちたい。

一つ一つのポイントを理解して習得した後は、構えからフォロースルーまでの一連の動きをおさらいし、チームメイト同士でチェックし合うのもいいだろう。どの部分でもわずかな狂いがあると、いいバッティングにはならない。

CHECK!
三角形ができた瞬間にもっとも大きな力が出る！
腕を伸ばしきらないまま打つと、窮屈なバッティングになり、ボールも詰まって飛距離が出ない。

両腕と胸で三角形を作る

インパクトの瞬間は胸の前で両腕を伸ばす

ひじが曲がっていると、ため込んだ力をいかせない

両腕と胸で三角形を作り、胸の中心と三角形の頂点を結ぶ線の延長上でボールを捉える。ボールがどのコースに来ても、考え方は変わらない。

○ 両ひじを伸ばしてインパクト！

両腕を伸ばすのは、あくまでもインパクトの瞬間だけ。スイング始動時やインパクトの前後はひじを曲げ、バットがカラダの近くを通るようにする。

✕ 両ひじが曲がってしまっている

これではテイクバックや重心移動でせっかくため込んだ力が発揮されない。

ヒッティングポイントはへその前に

どのコースを打つときも打点はへその前にくる

相手投手が内角や外角を突いてきたときも変わらない

へその前でボールを捉えることで、スイングによって生み出されたパワーが無駄なく伝わる。カラダの開きを調節し、内角や外角のコースに対応する。

✕ ヒッティングポイントがへその前にない

投げられたボールの勢いに負け、詰まらされてしまう。

Multi Vision

真ん中を基準にすると、内角の打点は前、外角は後ろになる

内角

真ん中のボールを打つときに比べ、ヒッティングポイントは必然的にやや前になる。これより後ろで捉えると、ひじが伸び切らないままボールを捉えることになり、力がしっかり伝わらない。

真ん中

すべてのコースの基本となる真ん中のボールへの対応。ホームベースの前に立ってスイングすれば、ヒッティングポイントはベースよりも前にくる。下のようなリーチのある打者はさらに前にくる。

外角

カラダを開かないように打たなければならないため、真ん中のボールを打つときよりも、ヒッティングポイントはやや後ろになる。へそを投手側に向けて打とうとすると、外角にはバットが届かない。

ボールから目を離さない

インパクトの瞬間まで ボールをよく見る

最後まで見ないと平凡なフライやゴロになりやすい

○ ボールがバットに当たる瞬間まで見る

相手投手がリリースしてからもできるだけ頭を動かさずに、目線だけでボールを追うようにする。

インパクトの直前に打球方向を見てしまわない

　ボールをよく見なければ、バッティングはできない。バッターボックスでボールを見ない打者などいないだろう。しかし、スイングを始めると、打球の行方が気になってボールから目が離れてしまう場合が少なくない。そこで微妙なズレが生じ、ボールの上部や下部を捉えてポップフライや平凡なゴロに終わったりする。インパクトの瞬間までボールをよく見て、バットがボールの中心に当たるようにしよう。

投げられたときはボールを見ることができていても、インパクトの直前に目を離してしまう人は多い。
これでは正確にボールを捉えられない。

軸足と前足にかける重心は 6:4 → 5:5 → 4:6 で移動

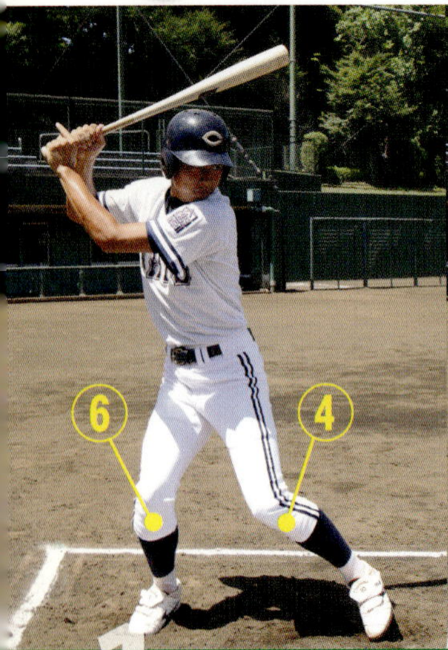

1 構えるときの重心をかける比率は、軸足６：前足４。ここからフォロースルーまで、前方に重心移動。

2 スイング開始とともに、前足側に重心を移動させていく。前足のステップでボールとのタイミングを計る。

3 カラダを左右に割るようにしてスイング。バットのヘッドが後から出て、グリップを追い越すのが理想だ。

1 軸足と前足の重心がほぼ均等。インパクト時に5：5になるので、これでは重心移動なしでのスイングになる。

2 前への重心移動ができないために、一度、軸足側に重心を移している。余分な動作が１つ増えてしまった。

3 一見すると動きに大きな問題点はないが、重心移動がやや遅いのが気になるところ。

○ 重心移動がスムーズにできている

4 インパクトの瞬間に重心が軸足5：前足5になるように。バットが捉えるまでボールから目を離さない。

5 インパクト後から前足に重心が乗っていく。早過ぎる重心移動は「泳いだ」スイングの原因になりやすい。

6 フォローするまで終わったときには、重心は軸足4：前足6になっている。

✕ スイング後も体重が後方に残っている

4 インパクトを迎えても重心がまだ後方にあり、ボールを弾き返すパワーを生み出せない。

5 カラダの軸がブレている。下半身でため込んだ力をうまく上部に伝えられていない。

6 上体は完全に後方に残ったまま。これでは鋭い打球にはならず、差し込まれてゴロや凡フライに終わる。

上体をスムーズに回してフォロースルー

バットを最後まで振り抜きカラダに巻きつける

中途半端なスイングはフォロースルーも中途半端になる

振り抜いてボールを飛ばす

フォロースルーでは腰と上体をスムーズに回す。きちんとスイングができていれば、バットが自然にカラダに巻きつく。

軸足のつま先が外にむいたまま

太ももの内側に力が入らず、腰や上体のスムーズな回転を妨げている。

Zoom Up

バットを振り抜く際は、両足の太ももの内側に力を入れる。インパクトからフォロースルーまでの動きも、下半身主導で行う。

○ 軸足のつま先は
前方に向く

インパクトのときは、重心を軸足５：前足５と均等にかけるため、上体の回転運動に伴って軸足のつま先が前方に向く。

インパクトの瞬間に、まだ軸足に重心が乗っている。これでは上体がスムーズに回転できない。

フォロースルーは ボールを押し出せた証

インパクト後に、それまでのスイングの流れで、バットを背中まで振り切る動きがフォロースルーだ。大きなフォロースルーは、インパクトでボールを強く押し出せたという証でもある。正しいフォームでフルスイングができていれば、バットは自然とカラダに巻きつくので、フォロースルー自体はそれほど難しくない。ただ、途中で勢いを緩めるなど、中途半端なスイングではフォロースルーも中途半端になる。

構えからフォロースルーまで、スイング全体の流れを確認

1
自然体の構えから下半身主導でカラダを動かす。軸足に体重を乗せて大きなパワーをため込む。

2
ボールをよく見ながら、前足のステップでタイミングを計る。スイング開始とともに重心を前に移動させる。

3
グリップが先に前に出て、グリップエンドを支点に、バットのヘッドが後から出てくる。

1
顔は相手投手の方に向けたまま、リラックスして構える。テイクバックは腰をひねるように。

2
ステップの幅は肩幅よりやや広いぐらい。肩やヒザが開かないように親指のつけ根で着地する。

3
最初から腕を伸ばしたまま振ると、バットが遠回りするドアスイングになる。脇をしめてコンパクトに。

4 インパクトの瞬間は胸の前で両腕を伸ばし、胸の中心と三角形の頂点を結ぶ線の延長上でボールを捉える。

5 インパクトの瞬間は前足5：軸足5だった重心を、次第に前方向に移動させる。スイング終了時には4：6に。

6 上体をスムーズに回し、バットをカラダに巻きつける。大きなフォロースルーは、ボールを強く押し出せた証だ。

4 ヒッティングポイントは常にへその前。バットがボールに当たる瞬間まで、ボールから目を離さない。

5 インパクト前に前足に重心が乗っていると、「泳いだ」スイングになってしまう。

6 両足の太ももの内側に力を入れておくと、自然にフォロースルーができる。

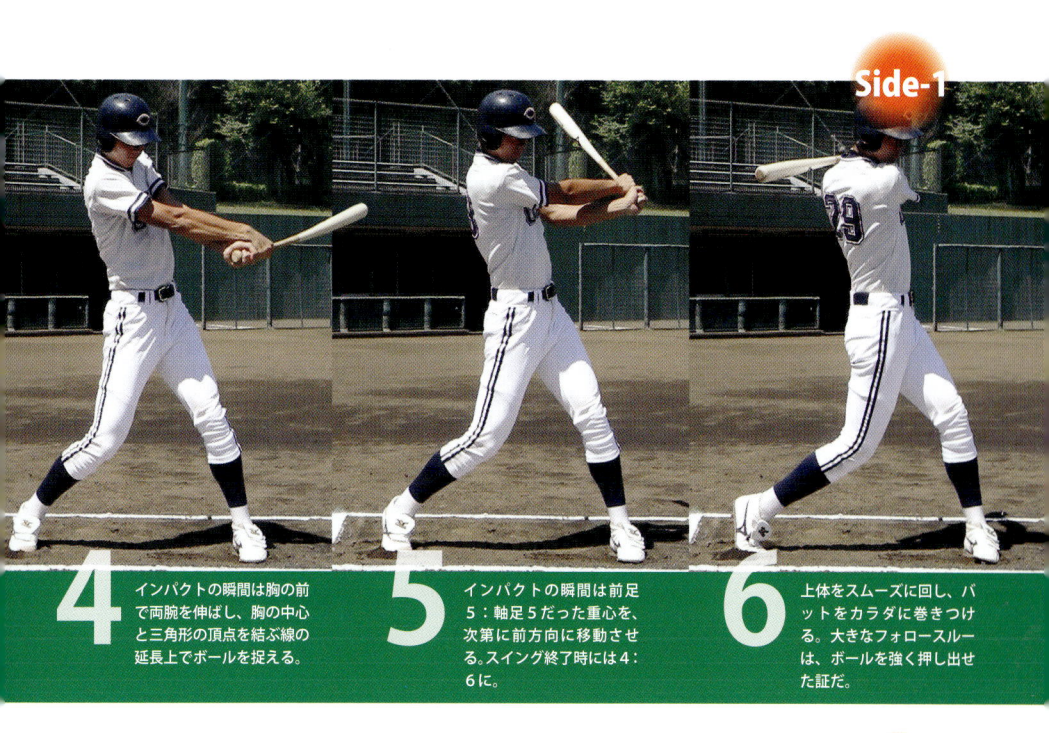

打撃後に打順間違いを指摘されると正式な打順の打者がアウトになる

守備側チームが攻撃側チームの打順の間違いに気づいたとき、審判員に指摘するタイミングによって、下される判定が変わってくる。

打者終了後、次の打者が打席に入る前までに審判員に指摘すると、間違えた打者の打撃の結果にかかわらず、正式な打順の打者がアウトになる。たとえば、4番打者が打つべき打順で5番打者が打ってしまった場合、仮にヒットで出塁できたとしてもそれは取り消され、4番打者がアウトになる。そして引き続き、5番打者が打席に立つ。

間違えた打者がバッターボックスに入っただけの状態、もしくは打撃中に間違いが指摘された場合は、審判員は正しい打順の打者との交代を命じ、正しい打順の打者はそのボールカウントの状況でプレーを再開する。したがって、守備側が相手の打順の不正に気づいたら、その打者の打撃が終了した直後にアピールした方が得策と言える。

また、打順が間違っていてもアピールがなければ、間違った打者（上記の場合は5番打者）は正位打者と認められ、その次の打者（同6番打者）の打撃から試合続行となる。

※参考　野球規則【6・07】
打撃順に誤りがあった場合。（a）打順表に記載されている打者が、その番のときに打たないで、番でない打者（不正位打者）が打撃を完了した（走者となるか、アウトとなった）後、相手方がこの誤りを発見してアピールすれば、正位打者はアウトを宣告される。ただし、不正位打者の打撃完了前ならば、正位打者は不正位打者の得たストライクおよびボールのカウントを受け継いで、これに代わって打撃につくことはさしつかえない。

Course and cases of batting

コースの打ち分けと ケースバッティング

バッターボックスでは、いつも打ちやすい
ボールが投げられてくるわけではない。
できるだけ多くの球種やコースに
対応できるようにしておこう。

PART 2

コースによる打ち分け

どのコースにも対応できる打ち方をマスターする

投手は少しでも打たれる可能性の少ないコースに投げてくる

制球力のある相手投手なら対応するのが難しい

たとえば相手投手が真ん中のコースばかりに投げてくる投手だとする。そのボールによほどの威力やスピードがない限り、打つのはそう難しいことではない。

しかし実際は、投手は打者の内角や外角、高めや低めを使い分け、少しでも打たれる可能性の少ないコースを投げてくる。制球に自信のある投手なら、ストライクゾーンいっぱいを有効に使うため、打者からすれば非常に厄介だ。

できる限りどのコースにも対応できる打ち方をマスターしたい。

外角の打ち方

ボールを引きつけて軸足側の腕で押し込む

右打者は右、左打者は左方向への打球になるのが基本

バットにただ当てるだけのバッティングにならないように。カラダから遠い分、ボールをできるだけ引きつけてしっかり振り抜く。

前（投手寄り）でボールを捉えると力が伝わらない

1 アウトコースはボールまでの距離が遠く、インコースよりもボールは見やすい。

2 軸足に体重を乗せてテイクバックを取るのは、どのコースを打つときも同じだ。

3 カラダが開かないようにし、ボールをできるだけ引きつける。カラダから近い位置で捉える。

外角打ちは右打者は基本的に右方向へ

4 ドアスイングに注意する。バットはカラダのそばを通り、インパクトで両腕が伸びる。

5 力強い打球にするには、インパクト後に軸足側の腕で押し込むようなイメージ。

6 外角打ちはバットの角度が限定される。基本的に右打者は右方向、左打者は左方向への打球になる。

内角で追い込んだ後、外角で勝負してくる投手は多い

1 リリース後すぐにコースや球種を見極める。外角は比較的ボールが見やすい。

2 内角や真ん中のコースを打つときよりも、ボールを手前まで引きつける。

3 先にグリップが前に出て、グリップエンドを支点にヘッドが後から出てくる。

当てるだけのバッティングにならないようにする

1 ボールを自分から迎えに行こうとせず、前足のステップでタイミングをとる。

2 前足側の肩が早く開くと、打点がカラダからさらに遠く離れるので要注意。

3 軌道はインサイドから外角に向かっていくイメージ。脇をしめてスイングする。

Back

4 カラダを前に突っ込んでしまうと、ボールに力がしっかり伝わらない。

5 バットのヘッドに力を入れる意識を持つと、力強いボールを打ち返せる。

6 バランスを崩さずにスイングができれば、フォロースルーも自然に大きくなる。

Top

4 無理に引っぱろうとせず、素直に逆（右打者は右）方向へ弾き返そう。

5 胸と両腕で三角形ができていれば、ためていたパワーがボールに伝わる。

6 構えたときに軸足6：前足4だった重心は、スイング終了時には4：6に。

内角の打ち方

鋭い腰の回転を利用して窮屈さを感じずに打つ

インコース攻略のポイントはカラダとバットの使い方

CHECK!
軸足側のヒジをうまくたたむのがポイント！

やや打ちにくい面はあるものの、ボールをしっかりインパクトできれば、パワーは伝わりやすい。外角打ちに比べると飛距離が出る。

内角打ちのヒッティングポイントは投手寄り

1 自分のカラダ近くに迫ってくるインコース。恐がらずに向かっていく気持ちで。

2 内角のヒッティングポイントは投手寄りになる。スイングは早めに始動する。

3 上体をやや開き気味にし、スイングが窮屈にならないような空間を作っておく。

ヒッティングポイントが前過ぎるとファウルになる

4 腰を鋭く回転させ、バットは先にグリップが前に出てからヘッドがそれを追い越していく。

5 窮屈さを感じなければ、思い切ったスイングができるはず。打球に勢いと飛距離も出る。

6 一流の打者でも内角打ちが苦手な選手は少なくない。マスターして大きな武器にしよう。

外角や真ん中の対応より早めにスイングの準備

1 胸元を突く直球や鋭くえぐる変化球など、内角球を打つには早い見極めが重要。

2 カラダに近づいてくるボールは意外に見えにくい。あごを引いてしっかり見る。

3 投手側（右打者は左）の肩を少し開くと、窮屈さを感じずにバットが振れる。

最初からオープン気味に構えることも効果的

1 腰が引けてしまってはいけない。あらかじめベースから離れて立つのも解決策の一つ。

2 テイクバックで重心を軸足に乗せ、タイミングをとるのは前足のステップだ。

3 腰の回転と前への重心移動を行いながら、バットはグリップが先に前に出る。

Back

4 軸足側のひじをたたみ、鋭く回転させた腰と連動させながらボールを強く叩く。

5 インパクト後にしっかり両腕が伸びれば、力強いバッティングになる。

6 上体をスムーズに回してフォロースルーへ。バットが背中に来るまで振り切る。

Top

4 打点は投手寄りで。前過ぎると引っかけてファウルになってしまう。

5 上半身の力に頼るのはNG。あくまでも下半身主導でスイングする。

6 大きなフォロースルーは、ため込んだパワーを無駄なくボールに伝えきった証。

外角球のヒッティングポイントは後ろ（捕手寄り）に

1 内角球よりはボールが見やすいはず。自分からボールを迎えに行こうとしない。

2 ボールをできるだけキャッチャー側まで引きつけ、脇をしめて振り抜く。

3 バットはインサイドから外角に向かう。ヘッドはグリップエンドを支点に回る。

内角球のヒッティングポイントは前（投手寄り）に

1 早めにスイングの準備に入ろう。カラダの近くに迫ってきても腰を引かない。

2 右肩をレフト方向に向けて上体を開くと、スイングするための空間ができる。

3 バットはグリップが先に前に出て、ヘッドが後ろから。同時に腰の鋭い回転と前への重心移動を行う。

4
ボールに逆らわず、素直にレフト方向に流す。無理に引っぱろうとしない。

5
インパクト後に左腕で押し込むとバットのヘッドに力が入り、力強い打球になる。

6
カラダから遠いコースではあるが、バットに当てるだけにならないように。

4
内角球もヒッティングポイントまでの距離を取れれば、フルスイングができる。

5
インパクト時は両腕をしっかり伸ばす。曲がっているとカがボールに伝わらない。

6
最後まで腰の回転を意識する。大きなフォロースルーでスイングを終えるのが理想だ。

高めの打ち方

長打になりやすい高めは前のひじを開けずに打つ

スイングの始動を早くし、ダウンスイング気味に振る

CHECK！
アッパースイングにならないように注意！

投手にとっても投げやすく、スピードが出やすいのは高め。真ん中や低めに投げるよりも威力が出ることが多い。打者とは力と力の対決になる。

極端なダウンスイングに注意してバットを上から振り下ろす

1 力のある高めのボールは落下が少ないため、浮き上がってくるように感じる。

2 重要なのは振り遅れないこと。タイミングを早くしてスイングに備える。

3 高めはバットを上から振り下ろすイメージ。ただし、極端なダウンスイングは禁物だ。

腰を鋭く回転させ軸足側の腕を早めにかぶせる

4 高さがある分、カラダとボールの距離は近くなる。ヒッティングポイントはやや前に置く。

5 腰を鋭く回転させて、軸足側の腕を早めにかぶせる。大振りにならない意識を。

6 フォロースルーは最後まで。高めのコースをしっかりミートできると長打になりやすい。

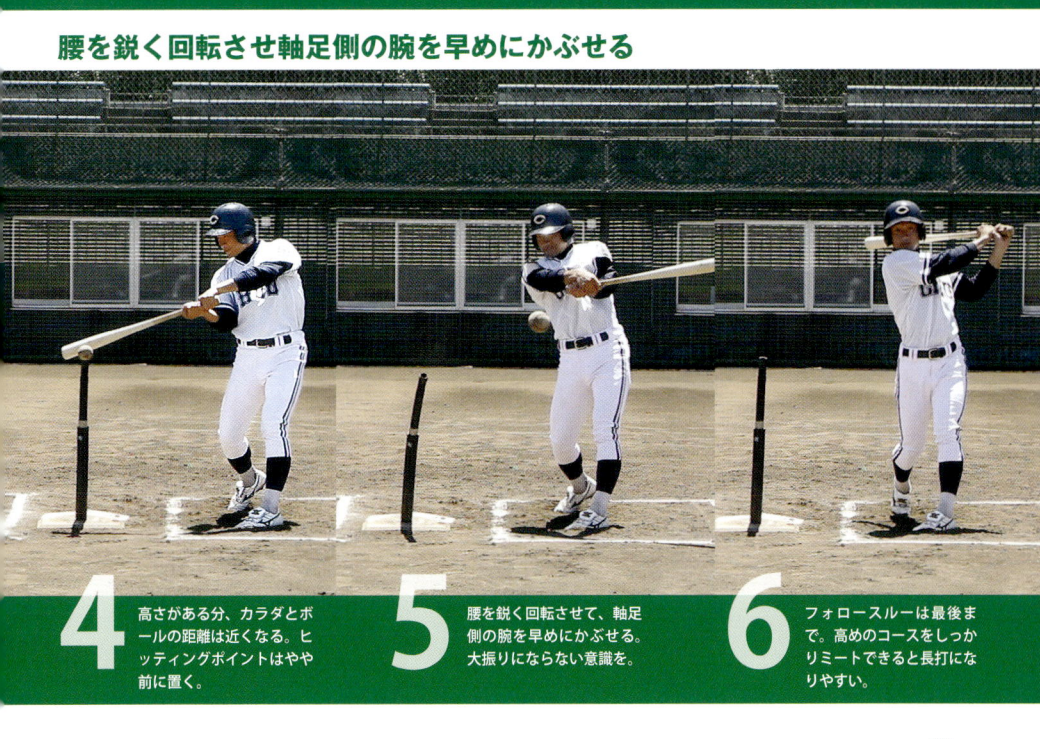

高めに抜けてきた変化はバッティングチャンス

1 高めは眼から近いこともあり、手が出やすいコース。ボールの見極めを的確に。

2 スイングの早めの始動は重要だが、軸足に重心を乗せたテイクバックは怠らないこと。

3 脇をしめてスイングする。とくに前（投手側）の脇が開かないように気をつける。

真ん中や低めの対応より早めにスイングの準備に入る

1 投手にとって投げやすく、スピードも出やすい高め。威力のあることが多い。

2 振り遅れは避けたいところ。前足のステップで早めにタイミングをとる。

3 極端なダウンスイングにならないように、バットを上から振り下ろそう。

4 低めや真ん中のボールを打つときよりも、前（投手寄り）でボールを捉える。

5 ダウンスイング気味に打つ。しかし極端な"大根切り"では内野ゴロになってしまう。

6 フォロースルーは腰をしっかり回転させることを意識しよう。

4 真ん中や低めを打つときよりも投手寄りのポイントでボールを捉える。

5 鋭い腰の回転が高め攻略のカギ。インパクトは利き腕で叩くイメージだ。

6 最後まで振り抜く。しっかりミートできた打球は長打になる可能性が高い。

低めの打ち方

アッパースイング気味にバットを下から振り抜く

ヒザや腰を曲げるのはNG。ボールを十分に引きつける

CHECK!
ヒザや腰を曲げてボールを迎えにいかない！

一般的には振り遅れやポップフライの原因になりやすいアッパースイングだが、
バットが下から上に振り上げられるため、低めのコースには対応しやすい。

ボールを引きつけられないと泳いだバッティングになってしまう

1 低めは打者の眼からは距離があるが、ボールをじっくり見ることはできる。

2 ヒザや腰を曲げてボールを迎えに行かない。軸足に重心を乗せ、ボールを呼び込む。

3 ヒザ元を攻められたら水平なスイングは難しい。アッパースイング気味に振り抜く。

脇をしめたスイングでインパクトに入り、両腕と胸で三角形を作る

4 バットのヘッドがグリップより低くても、両腕が伸びていればパワーは伝わる。

5 振り幅の小さいコンパクトなスイングを意識し、まずはセンター返しを心掛ける。

6 スイングの勢いで腰と上体をスムーズに回し、バットをカラダに巻きつける。

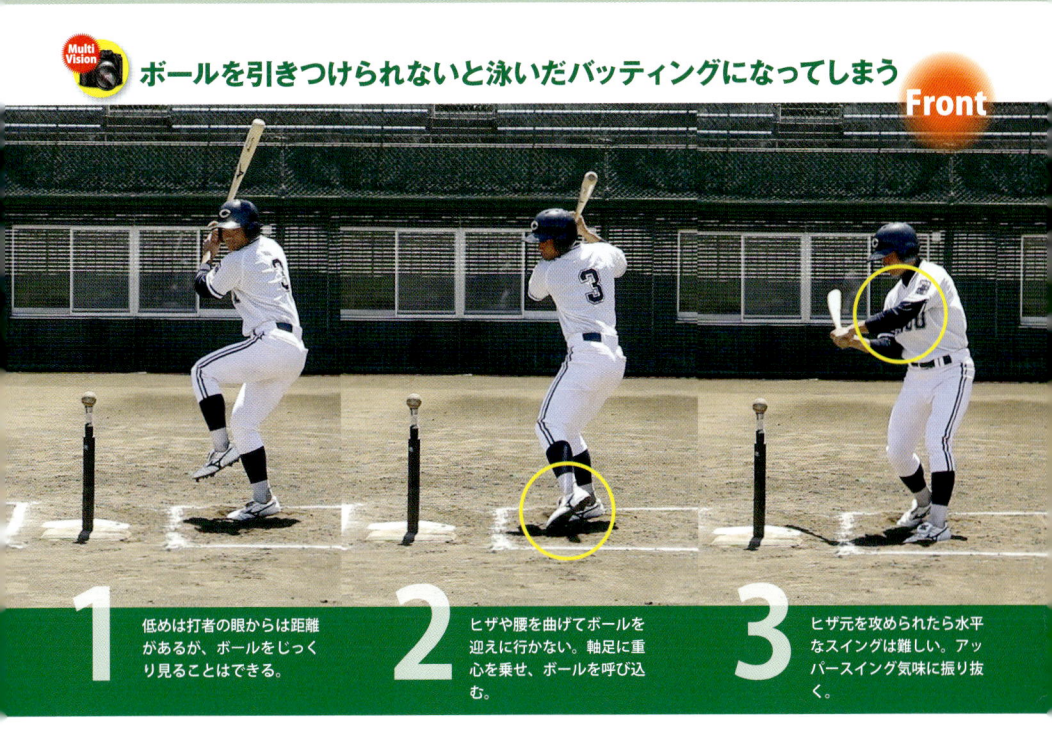

バットの軌道はゴルフスイングの軌道と近くなる

1 普段、バットを寝かせて構えていても、低めが来る可能性が高いときは立てる。

2 ボールをギリギリまで引きつける。打点が前過ぎると、泳がされてしまう。

3 ヒザや腰を曲げてスイングしない。ストライクゾーンならバットは十分に届く。

極端にならない程度のアッパースイングで弾き返す

1 投手の基本は低めを攻めること。制球力があれば、際どいコースを突いてくる。

2 テイクバックで力をためよう。落ち着いてボールの球種やコースを見極める。

3 ボール球でなければ、バットは届く。泳いだスイングにならないように要注意。

Side-1

4 脇をしめたスイングでインパクト。バットのヘッドはグリップより下がっていい。

5 両腕と胸でしっかり三角形を作る。力強いボールを打つために不可欠な要素だ。

6 自然の流れでフォロースルーに入る。中途半端にスイングをやめてはいけない。

Back

4 脇をしめてアッパースイング気味に振り抜く。軌道はゴルフのスイングに近い。

5 意識はセンター方向へ。高めと同じように利き腕で叩くイメージを持つといい。

6 ここで低めを攻略できれば、相手投手も次から低めを攻めづらくなるはずだ。

高めの打つときは、ダウンスイング気味になる

1 変化球が抜けてきたときは絶好のチャンス。思い切り振り抜いてヒットに。

2 スイングの始動を早くする。ただし、テイクバックもきちんと行うこと。

3 上からバットを振り下ろす。アッパースイングにならないように注意する。

低めを打つときは、アッパースイング気味になる

1 あごを引いた構えからボールをよく見る。高めよりは意外と見やすいはず。

2 ボールをできるだけ手前まで引きつける。ヒザや腰を曲げて対応しない。

3 前に重心移動を行いつつ、バットはアッパースイング気味の軌道を描く。

4 ボールは低めのコースよりカラダから近い。ヒジをうまくたたんで打とう。

5 前への重心移動はできているか。インパクト時の両足均等から徐々に前足へ。

6 長打になりやすい高めだが、そのためにはフォロースルーが不可欠だ。

4 打球の行方を気にして、インパクトする前にボールから目を離さない。

5 へその前でボールを捉え、左腕でしっかり叩けば、力強い打球になる。

6 きちんとスイングができていれば、自然とバットがカラダに巻きつく。

変化球・速球の対応

コースをきちんと見極め うまくタイミングを計って対応

「甘いボールを打てばいい！」くらいのゆとりを持とう

バッティングフォームが崩れないように注意する

打者にとって、相手投手のコースの投げ分けとともに苦労させられるのが変化球や速球である。なかでも左右に曲がるボールやタテに落ちるボールは、せっかく身につけたフォームを崩され、場合によっては本来のバッティングを見失いかねない。

ただ、ここであせることこそ相手の思うつぼだ。変化球打ちの基本は、コースによる打ち分けと同じ。コースをきちんと見極め、うまくタイミングを計り、「甘いボールを打てばいい」ぐらいのゆとりを持とう。

左右に曲がるボールの対応

左右の揺さぶりには 打つポイントを変えて対応

外角には泳がず、内角にはコンパクトなスイングで

カーブ

もっともポピュラーな変化球で、右投手が右打者に投げた場合、外角に大きく曲がる。直球や他の高速変化球に比べて球速が遅い分、重力の影響を受けて、真横というよりは斜め下方向に落ちていく。変化は大きくないが球の速い高速カーブ、もしくは変化の大きい低速カーブを使い分ける投手もいる。

スライダー

カーブと同様、右投手が右打者に投げると、外角に逃げていく変化を起こす。ただし、リリース後、ナチュラルに変化するカーブと違い、スライダーは打者の手前でカクっと曲がるのが特徴だ。変化幅はカーブほどないものの、急激な変化が打者を困惑させる。

シュート

右利き同士の投手と打者が相対したとき、カーブやスライダーとは逆に、打者の内角に入っていく。球速は直球に近く、投手は詰まらせてゴロに打ち取りたい場面で使うことが多い。サイドスローの投手が投げると、タテの変化が加わったシンカーになる。

外角へ曲がるボール

前の肩を早く開かず
ボールの軌道を長く見る

ボールを手元に引きつけ、カラダの軸を崩さない

ヒッティングポイントは外角を打つときと同じ。十分に手前に引きつけてからボールを捉える。

カラダの軸を崩さずにスイングできれば、ボールにパワーを伝えられる。無理に引っぱらない。

上体を開くのが早過ぎると、遠ざかるボールにバットが届かない。下半身の粘りで外角への変化に対応しよう。

インパクトの瞬間は、重心が前足５：軸足５になっていること。重心が前にあるのは泳いでいる証拠だ。

カラダから遠ざかるボールは泳いだ打ち方になりやすい

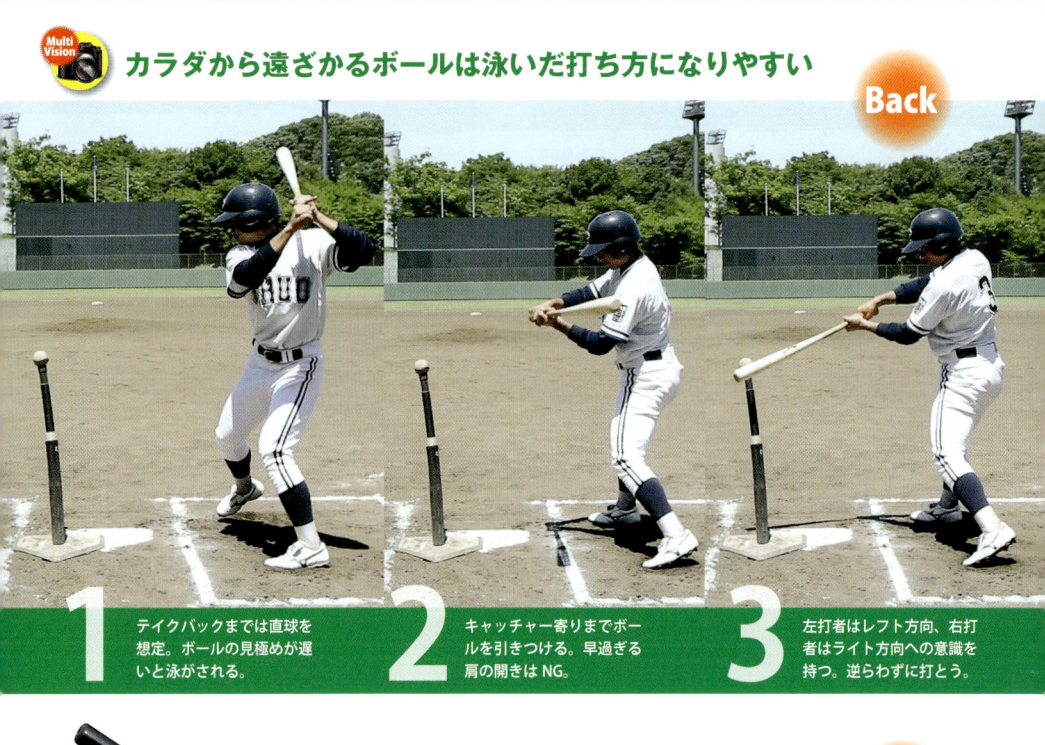

1 テイクバックまでは直球を想定。ボールの見極めが遅いと泳がされる。

2 キャッチャー寄りまでボールを引きつける。早過ぎる肩の開きはNG。

3 左打者はレフト方向、右打者はライト方向への意識を持つ。逆らわずに打とう。

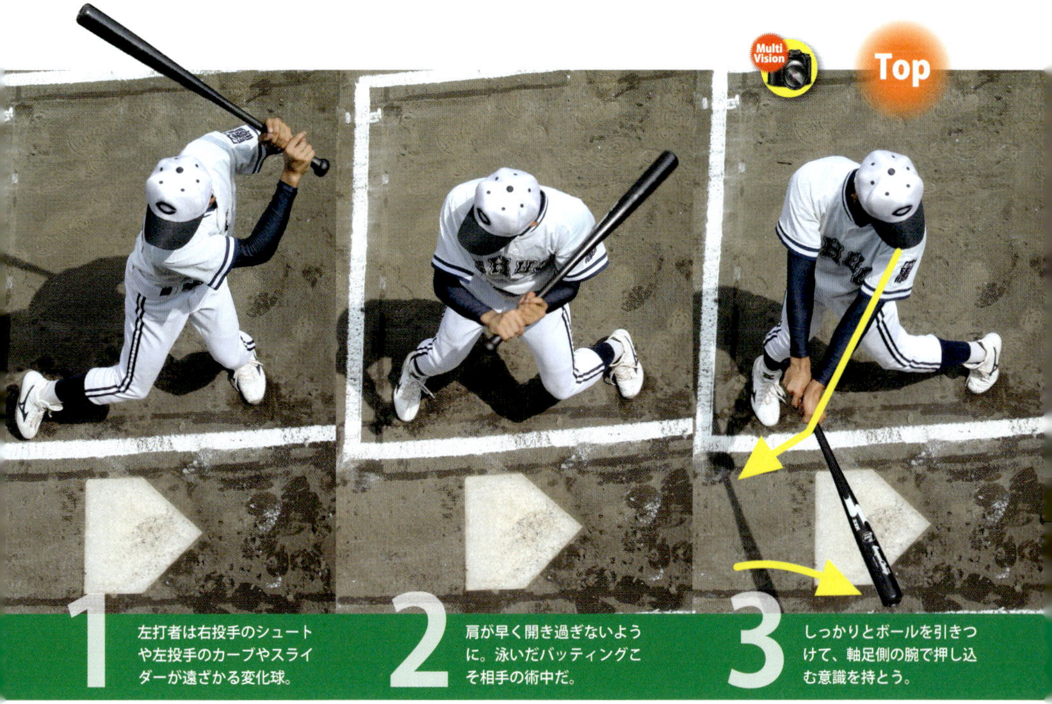

1 左打者は右投手のシュートや左投手のカーブやスライダーが遠ざかる変化球。

2 肩が早く開き過ぎないように。泳いだバッティングこそ相手の術中だ。

3 しっかりとボールを引きつけて、軸足側の腕で押し込む意識を持とう。

攻略方法は、内角を突いてきた直球を打つときと変わらない。ヒッティングポイントは投手寄り。

腰を鋭く回転させて、差し込まれる前にボールを捉える。窮屈さを感じないように打てるのが理想だ。

脇をしめ、ひじをたたむようにしてバットを振り抜く。大振りせず、コンパクトなスイングを心掛ける。

内角に曲がる変化球が得意な投手が相手の場合、あらかじめバッターボックスの前寄りに立っておくのも対策法の一つだ。

内角へ曲がるボール

腰を鋭く回転させて差し込まれる前に打つ

脇をしめてひじをたたみ、スイングはコンパクトに

タイミングとヒッティングポイントが正しければ真芯で捉えられる

1 胸元や腰元をえぐってくる変化球。恐がって腰を引かないことが好打への条件。

2 投手寄りヒッティングポイントを置き、差し込まれる前にボールを捉えよう。

3 両脇をしめ、ひじをたたんで振り抜く。腰を鋭く回転させることがポイント。

内角への変化に慌てて、カラダ全体がブレないように注意する

1 相手が内角へ曲がる変化球が得意ならば、ホームベースから離れて立っておく。

2 左打者は右肩を少し開くと、窮屈さを感じずにバットを振ることができる。

3 ヒッティングポイントは投手寄り。ただ、前過ぎるとファウルになりやすい。

落ちるボールの対応

落ちる変化球は投手の決め球になることが多い

投手との実戦を前に、タテに変化する球種を知っておく

フォーク

投げるときの腕の振りはストレートと同じ。ボールの回転が少なく、ストレートに近い軌道から打者の手元で縦に大きく落ちる。投手からすれば打者に空振りをさせやすい球種である反面、制球が難しい。フォークよりも速い球速で小さく落ちる球種を「スプリットフィンガー・ファストボール」と呼ぶ。

シンカー

遅い回転でシュートしながら落ちる。主にサイドスローやアンダースローの投手が使う球種で、日本では左投手が投げると「スクリューボール」と呼ばれる。右打者にとっては内角に切れ込んでくる上、曲がりながら落ちるため、攻略するのがやっかいだ。

ナックル

ボールはほぼ無回転で投げられ、左右へ揺れるように不規則に変化しながら落下する。あらゆる球種の中でも最も遅い球速の変化球だが、軌道が予測できないだけにジャストミートするのは至難の業だ。プロの投手でも習得するのが難しい球種である。

落ちるボールの対応

まずは失投を見逃さない 打つときは下半身で粘る

きっちりコントロールされたら手を出さなくていい

CHECK!
手打ちにならないよう心掛けよう

ボールをできるだけキャッチャー寄りに引きつける。低めのボールを打つフォームをイメージする。

体重移動をしながら腰の回転で打つ。腕だけで打とうとすると「泳いだ」バッティングになる。

落ちるボールは決め球 見極めを確実にする

　フォークやシンカーなどタテに落ちる変化球は攻略が難しいが、投げる方も制球を定めるのが簡単ではない。したがって、すっぽ抜けて高めや真ん中に入ってきた失投をまずは見逃さないこと。きっちりコントロールされたフォークやシンカーは、追い込まれたとき以外手を出さないくらいの心構えでいい。それでも手が出てしまった場合は、泳がされて手打ちになってしまわないようにしたい。下半身を柔軟に使って粘り、ボールを十分に引きつけてからインパクトしよう。

決め球を攻略できたら、相手に与える精神的ダメージも大きい

1 コントロールされた落ちるボールは、ストライクゾーンからボールになる。できるだけ手を出さない。

2 打つときはヒッティングポイントをキャッチャー寄りに。前で打つと泳いだフォームになってしまう。

3 低めの打ち方になるため、ややアッパースイング気味に。あくまでも下半身主導でスイングをする。

すっぽ抜けて甘く入ってきたボールを見逃さずに捉える

1 投手は追い込んだ後に落ちるボールで三振を取りに来るケースが多い。

2 意識するのはコンパクトなスイング。大振りせずにセンター返しを狙おう。

3 ボールをよく見る。両腕を伸ばしてインパクトできれば、強い打球になる。

速球の対応

コンパクトなスイングでセンター返しを意識する

振り遅れを恐れて、手打ちにならないようにする

スピードのある直球は、リリースされてから手元に来るまでの時間が必然的に短くなる。しかし、慌てずにリラックスした構えから、下半身主導のスイングで弾き返そう。

速球に対しては早い判断と始動が不可欠だ。軸足に重心を乗せてパワーをため込む。

○ 素早いスイング準備

○ コンパクトなスイング

強く振ろうと大振りになっては振り遅れる可能性が大。コンパクトなスイングを心掛けよう。

引っぱり

直球を引っぱろうとすると、インパクトまでますます時間がない。ボールを引きつけてセンター返しの意識を。

インパクトの際、胸と両腕で三角形を作る。テイクバックでためた力をバットを通してボールに伝える。

○ インパクトで三角形を作る

腕だけ

下半身主導で重心移動をいかしたスイングができていないと、速球の力に負けて打球に威力が出ない。

○ フォロースルーを最後まで

腰の回転を利用してスイングし、バットがカラダに巻きつくイメージでフォロースルーを行う。

ケースバッティング

チームの勝利のために状況に応じたバッティングを

自分に今、何が求められているのかを冷静に考えよう

何を求められているか
冷静に頭を働かせて
打席に立つ

野球における勝負とは、投手と打者の戦いであると同時に、チーム対チームの戦いでもある。そのため、打者は常にフルスイングで遠くに打球を飛ばせばいいというわけではなく、チームの勝利のために状況に応じたバッティングをやらなければならない場面も出てくる。それがケースバッティングだ。

打席に立った自分に今、何が求められているのか。冷静に頭を働かせながら、バントや流し打ちといった最適なバッティングを心掛けたい。

確実に転がしてチームに貢献する

CHECK！
ダウンスイング気味に振るのがポイント！

1 ランナーがどこにいるのか、相手の守備体系はどうなっているのか。正しい状況判断で狙うコースを明確にする。

2 脇をしめ、ダウンスイング気味に振る。極端に上から振り下ろそうとすると、ポップフライになるので注意。

ゴロの打ち方

狙うコースを明確にし進塁打でチャンスを広げる

最悪なのはダブルプレー。ダウンスイングで強く叩く

CHECK！
狙うコースはライト方向が基本。ボールの上側をしっかり叩く！

3 ボールの上側を叩くようにインパクトするとゴロになりやすい。しっかりミートし、強い打球になるのがベストだ。

4 腕だけで打たないのはバッティングの基本。コンパクトなスイングでもフォロースルーまでしっかり行う。

チームバッティングで自分の役割を果たす

　ノーアウトかワンアウトで、走者を進塁させたいとき、もしくはヒットエンドランでチャンスを広げたいときに、ゴロを打つことが求められる。あごを引き、ダウンスイングでバットを振り下ろすように打つといい。狙うコースとしてはライト方向が基本。ただし、二塁走者のけん制にショートが入る場合は、二遊間に打つ方が効果的なときもある。ダブルプレーに終わらないようにチームバッティングに徹したい。

外野フライの打ち方

タッチアップから1点をほしいときに打つ打ち方

狙い球は高めのコース。ボールに逆らわずに逆方向へ

CHECK！
ボールを飛ばすカギは重心移動だ！

低めに手を出すとゴロになりやすい。狙い球を高めに絞り、ボールを外野深くまで飛ばすために力強いスイングを心掛ける。

高めのコースをアッパースイング気味に振り上げる

1 外野フライはノーアウトかワンアウトで、三塁走者をタッチアップで生還させたいときに欲しい。

2 遠くへ飛ばそうという意識が強過ぎると力が入ってしまいがち。リラックスしてスイングに入ろう。

3 高いボール、できればそれほどスピードのないボールを狙いたい。低いボールは見送る。

4 高めのコースの対応ではあるが、バットは下から振り上げるアッパースイング気味に。

5 右打者はセンターからライト方向へ。無理に引っぱるより逆らわずに打つ方が確実性は高い。

6 手打ちにならず、重心移動をスムーズに行ってボールを叩ければ、飛距離はしっかり出る。

ライト方向への打ち方

ライト方向への打球で走者を確実に進塁させる

右打者は流し打ち、左打者は引っぱる打ち方になる

ランナーは左回りに進むという野球のルールの性質上、走者の進塁させたいときはその後方を狙うのがセオリー。
したがって進塁打の基本は右打ちになる。

右打ちでも平凡なフライや野手の真正面の打球では意味がない

右打者であれば外角球をライト方向に打ちやすい。軸足側の腕で押し込んで強い打球を打つ。

左打者が引っぱるときは内角球を狙う。腰を鋭く回転させることがポイントだ。

ボールを手前まで引きつけること。両腕と胸で三角形を作ることを意識する。

基本は内角球を投手寄りで捉えるか、外角球は右足をレフト方向に踏み込んで対応する。

ヒッティングポイントの位置でコースを打ち分ける

たとえアウトが1つ増えてでも、走者だけは進めたいときに有効なのがライト打ちだ。これは一般的に右利きが多い内野手が二塁や三塁に送球する場合、サードやショートに比べてセカンドやファーストの方が投げにくかったり、外野手が三塁やホームへのタッチアップを刺すとき、ライトからの返球がもっともアウトにしにくいことによる。右打者は流し打ち、左打者は引っぱる打ち方をしっかりマスターしよう。

バント①

ボールを丁寧に転がし確実に味方を進塁させる

バットの先端付近で捉えるのがボールの勢いをころすコツ

CHECK!
ボールの勢いをころすことがセオリー
Multi Vision
Multi Vision
Multi Vision

バッターボックスの一番前に立つことで、ファウルになる可能性を低くすることができる。

構えよりも低いボールはヒザを曲げ、重心を落として対応する。顔とバットの距離は常に近く。

バットはストライクゾーンの高い位置に水平に構える

ボールの勢いをころしてゴロにし、走者を進塁させたり、自らが塁に出ようとするプレーがバントだ。一塁や二塁の走者を進める送りバントでは、構えの段階からバントの体勢を作っておくのが一般的。右打者なら右手をバットの中ほどで添えるように握り、ストライクゾーンの最も高い位置に水平気味に構える。ボールはバットの芯よりも上の先端付近で捉え、投手や野手からできるだけ遠い位置に転がす。

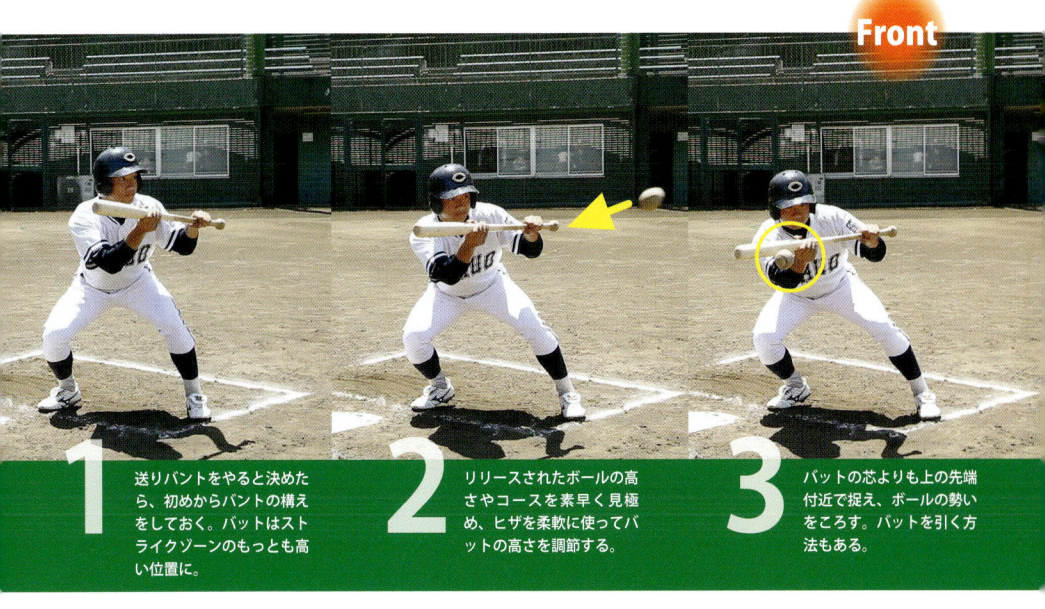

1 送りバントをやると決めたら、初めからバントの構えをしておく。バットはストライクゾーンのもっとも高い位置に。

2 リリースされたボールの高さやコースを素早く見極め、ヒザを柔軟に使ってバットの高さを調節する。

3 バットの芯よりも上の先端付近で捉え、ボールの勢いをころす。バットを引く方法もある。

4 バッターボックスの一番前に立っていれば、フェアゾーンが広がりファウルになりにくい。

5 相手の守備体形にもよるが、一塁走者を送るときは一塁方向に、二塁走者を送るときは三塁方向に転がすのが成功率は高い。

6 捕手に近い位置にバントした場合、処理にきた捕手と交錯し守備妨害をとられてしまうこともある。

バント②

低いボールのバントはヒザを曲げて対応する

腕を伸ばしてバットだけを下げる構えでは安定しない

Multi Vision

CHECK！
ボールとバットを常に同一視野に入れる！

○ 腰をしっかり落とす

低いボールがきたら、ヒザを深く曲げ腰を落としてバントする。しっかり見極めるためにも、ボールを恐がってはいけない。

× 腕だけで当てに行かない

バットだけを操作して低いボールに対応しない。目線がバットから離れれば離れるほど、正確にボールを捉えるのが難しくなる。

ボール球を見送るときはバットを明確に引く

低いボールをバントするとき、両腕または片腕を伸ばしてバットを下げる形では、いいバントになりにくい。バットは水平気味に構えたまま、ヒザを深く曲げたり浅く曲げたりして対応する。相手投手から投げられたボールとバットが常に同一視野に入っているのが理想だ。

ボールを恐がらず、インパクトするまでよく見るようにしよう。ストライクゾーンから外れたボールは、バットを引いて見送ればいい。きちんとバットを引くことで「振っていない」という意思表示になる。

CHECK！
ボール球はバットを引いて見送る

ストライク以外のコースにきたとき、右打者であれば右手を引いてボールを見送る。確実に走者を送るには、確実にバントできるボールを選ぶ。

1　バットをストライクゾーンの最も高い位置に構えておく。それより低いストライクゾーンへのボールはヒザを曲げて対処する。

2　ボール球と判断したら、無理にバントをしようとしない。バットを引くことで「振っていない」という意思表示になる。

3　明らかなボール球だった場合以外にも、打者に有利なボールカウントであえて投球を見送ることもある。

1 通常のバッティングと同じように構える。相手の投手や野手にバントを見破られないようにしなければならない。

2 バントの準備に入るのは、相手の投手が振り上げた足を地面につける直前ぐらいから。早過ぎても遅過ぎてもよくない。

3 ボールがリリースされるときには通常のバントの体勢を作っておく。バットはストライクゾーンの一番高いところに水平に構える。

4 相手の守備体形にもよるが、三塁側のライン際ギリギリに、三塁手と捕手の間あたりに転がすとセーフになる確率が高くなる。

セーフティバント

相手の意表を突くバントで出塁を狙う

守備が無警戒のときや走力に自信がある選手に有効

出塁することを意識し過ぎて バントをおろそかにしない

Side-1

1 バントすることを相手に悟らせないため、バッターボックスでは通常のバッティングと同じ位置に立つ。

2 バッティングからバントへの移行は、できるだけスムーズに。遅過ぎると余裕を持ってバントできない。

3 バントの構えそのものはセーフティバントも送りバントも同じ。一塁に近い分、左打者の方がやや有利。

4 バットだけを打点に持っていかない。ヒザを曲げて重心を落とし、カラダ全体でバットを打点まで運ぶ。

5 出塁することを意識し過ぎるとバントがおろそかにやりやすい。まずは確実に転がすことに集中しよう。

6 バントしたら素早く一塁へ。失敗すると、次から相手に警戒されるので、なるべく一回で成功させたい。

1 主に走者がいるときに行うのがバスター。まずは相手にバントをすると思わせることが重要だ。

2 相手の投手が投球モーションに入ったら、素早くバットを引く。

3 この時点では守備体形を見極めて、どこを狙うのが効果的かを明確にしておく。

4 時間的な制約もあり、軸足への体重移動は通常のバッティングより小さくなる。

5 構えてからスイングを開始し、インパクトするまでの流れでは直線的な軌道を描く。

6 バスターでは長打は不要。フォロースルーもコンパクトに行う。

バスター

バントすると見せかけて ヒッティングに切り替える

コンパクトなスイングでバントシフトの間を突く

バスターでは長打は必要ない。コンパクトなスイングを心掛ける

1 送りバントをすると見せかけて、相手の守備をバントシフト（一塁手と三塁手が前進してくるのが一般的）に誘い込む。

2 バットを引くタイミングが早過ぎると、野手がバスターに気づいて前進守備をやめてしまう。タイミングに気をつけよう。

3 相手のバントシフトに対して必要以上にプレッシャーを感じない。走者を進めることを第一に考えるようにしたい。

4 バットを引く動作が加わるため、通常のバッティングと比べると、テイクバックやステップにそれほど時間をかけられない。

5 遠くに飛ばすよりも確実にミートする意識を持つ。バントの構えから引いたときと、スイング時の軌道が同じになるイメージで。

6 内野手の間を通すバッティングができれば、走者を進塁させた上に自分も出塁でき、チャンスは大きく広がる。

スクイズ

三塁走者を返すために
是が非でもボールに当てる

どうしても１点がほしい場面で使われる重要なプレー

空振りや小フライは最悪
少なくともファウルに

どうしても１点がほしいときに、三塁走者をホームに返すために行うバントがスクイズである。セーフティバントと同様、投球されるまではバッティングをする構えで待つが、違うのはストライクを含め、どんなボールもバットに当てて転がさなければならない点。空振りや小フライに打ちとられると、すでに飛び出している三塁走者がアウトにされてしまう可能性が高くなるため、少なくともファウルにはしたい。

インパクトのときに足がバッターボックスから出ているとアウトになるので要注意。

スクイズに気づいた相手バッテリーは大きく外してくるはず。カラダを投げ出してでもボールをバットに当てて前に転がそう。

✕ バットに当てられない

空振りや小フライは禁物。すでに三塁を飛び出している走者が三本間に挟まれてアウトになってしまう。

ファウルに逃げる

際どいコースにきても簡単には見逃さない

好打者を目指すにはファウルする技術の習得は必須

CHECK!
難しいボールも
ファウルで粘る
YUD

✕ 簡単な見逃しは禁物

際どいコースの見逃しは、投手に弱点を知らせているのも同然だ。

ファウルで粘れば相手もコースが限定される

投手との間によほどの実力差がない限り、すべてのボールをヒットにするのは難しい。しかし、ヒットにできなくても、ファウルにできることは多い。たとえば外角の変化球で攻められたとき、ファウルできれば相手投手には「内角を狙っているな。だから外角を攻めよう」と心理が働くし、手を出せなければ「外角が弱いな」と思わせることになる。ファウルできるか否かは、好打者かどうかのバロメーターだ。

外角に逃げるボールや落ちるボールに対しては、流し打ちの要領で、バットのヘッドをやや遅らせるイメージで打つ。右打者なら一塁側や真後ろのバックネット側にチップする打球となる。

ボールカウントから投手心理を読む①

カウントを取りにきたボールを積極的に打つ

追い込まれた後、投手の勝負球がくる前に勝負を決める

一般的に、ストライクが先行していれば投手有利、ボールが先行していれば打者有利といわれる。

カウント［0－0］
ファーストストライクを見逃さない

投手は普通、ストライクを先行させて打者との勝負を有利に進めたいと考える。そのため、外して様子を見るという場面を除き、初球はストライクを取りにいくことが多い。打者にとっては、甘いコースにきたときが狙い目だ。積極的に打ち、チャンスメイクやタイムリーヒットにつなげられれば、次の打席でも心理的に優位に立てる。また初球には、相手投手がどういうタイプなのかを知るという重要性もある。

カウント［1－2］
打者が有利なバッティングカウント

投手が、これ以上ボール球を先行させたくないと考える０－２や１－２は、「バッティングカウント」ともいわれ、打者が狙い球を絞りやすい場面。ただし、投手側からすればまだ１球ボールを投げられるという心理も働き、際どいコースを突いてくることもある。走者がいれば、送りバントやヒットエンドランのサインが出るかもしれない。あらゆるケースを想定して柔軟な対応ができる準備をしておきたい。

カウント［0－3］
走者の有無や点差によって変わる0－3

打者が圧倒的に有利なカウントだ。満塁のときはもちろん、投手が走者をこれ以上増やしたくないと考えていたら、間違いなくストライクを投げてくる。そこを狙いすまして打つ選択肢もあるが、制球が定まらずに０－３となっているなら、四球で出塁できる確率が高い。１球だけは待ってもいいだろう。次の打者の方が打ち取りやすいと考え、相手が勝負を避けてくる可能性があることも頭に入れておく。

12種類のカウント別で投球には傾向がある

投手対打者の勝負は、３つのストライクと４つのボールの中に集約される。バッテリーはそれらの配球を組み立てながら、打者を打ち取ろうとする。初球の０－０からフルカウントの２－３まで、カウントの種類は12パターン。走者の有無や投手との相性などによっても変わってくるが、投手の投げるボールには、カウント別である程度の傾向がある。主な傾向を理解し、打席に立つときに生かしていこう。

ボールカウントから投手心理を読む②

カウントに応じた打ち方を身につける

追い込まれても焦らず、粘りながらチャンスを待つ

プロ野球の好打者でも、追い込まれたときは打率が低くなってしまうもの。しかし、だからといって気持ちまで追い込まれたら、いいバッティングはできない。落ち着いて今の打席に集中しよう。

カウント［2－0］

投手が圧倒的に有利でも冷静さを失わない

あと１球ストライクを判定されたら三振。打者にとっては、最も苦しいカウントである。際どいコースに投げられたら、どうしても手を出さざるを得ないだろう。ヒットにできなくても、せめてファウルで粘りを見せたい。ただ、そうした打者の心理を逆手にとって、高めの直球で誘ってきたり、あえて１球外してくる場合もある。たとえ追い込まれても、球筋を見極められる冷静さは失わない。

カウント［2－1］

大振りせず、確実なミートで状況を打開する

投手有利な状況を崩したくない、むやみに球数を増やしたくない。そんな心理から、追い込んだ投手は、この４球目で勝負をかけるケースが多い。得意な決め球、もしくはこれまでの打席やここまでの３球で、対応できなかった球種、コースを攻めてくるはずだ。２－０のときよりもさらにストライクゾーンを広く意識して待ちたい。決して大振りはせず、コンパクトなスイングで確実なミートを心掛けよう。

カウント［2－3］

勝負の１球。悔いのないバッティングを

次の１球で三振にも四球にもなり、ゲームにおいてスリリングな場面の一つだ。一見、両者の立場が同じになったと思われるフルカウントだが、走者の有無やアウトカウントで状況は大きく変わる。投手がストライクを投げなくてはいけない場面では、狙い球を絞って思い切りよく振り抜くこと。２アウトで走者がいれば、投手がモーションに入ったと同時にスタートを切るため、得点チャンスが一気に広がる。

普段の練習の中でも追い込まれた状況を作る

　ボール先行の打者有利な場面では、思い切ったバッティングをしやすい。問題は投手有利の場面だ。バットをやや短めに持ってミート中心に切り替えたり、厳しいボールはファウルに逃げるなど、カウントに応じて対処できるバッティング技術を身につけたい。普段の素振りやバッティング練習も、投手が有利な場面を設定して行うことで、追い込まれた状況でもしっかりスイングできる精神的な強さを養える。

Column ②

第3ストライクを捕手が捕球できなかったら振り逃げを試みることができる

通常、打者は３つのストライクで三振が宣告され、アウトになる。しかし、以下の場合、打者は記録上、三振であっても即アウトにはならず、打者走者となって一塁への進塁を試みることができる。

①ワンバウンド投球を空振りしたときなど、捕手が捕球する前にボールが地面に触れたとき。

②ワイルドピッチ、パスボール、落球など、捕手が捕球できなかったとき。

このプレーを日本では「振り逃げ」と呼んでおり（英語ではUncaught Third Strike ＝捕球されなかった第３ストライク＝と表わされる）、３つ目のストライクが見逃しでも、捕手が捕球できなければ「振り逃げ」は成立する。ただし、ノーアウトまたはワンアウトで一塁に走者がいる場合、このルールは適用されず、３つ目のストライクで即アウトになる。これは捕手が故意に捕球しないことで、ダブルプレーを完成させようとするプレーを防ぐためである。

①②の場面で守備側が打者をアウトにするには、打者が一塁に到達する前にタッチするか、一塁に送球するかしなければならない。

※参考　**野球規則【6・05】**
打者は次の場合アウトとなる。（b）第三ストライクを宣告された投球を、捕手が正規に捕球したとき。

Batting Practice

バッティング練習法

バッティングを上達させるには
地道な練習を重ねるほかない。
ここでは主な練習の方法を紹介する。
それぞれの目的や狙いを意識して反復しよう。

PART 3

バッティング練習のポイント

練習は工夫して真剣に。基本技術を正確に磨く

漠然とやるのではなく、実戦を想定して行おう

練習のポイント

専門書や映像を見ただけでは上達しない

実践し、同じ練習を繰り返すことで、カラダに覚えさせる。

基本を確実に身につける

正しい動きをきっちり身につけないと、上のレベルに行けば行くほど通用しなくなっていく。

練習は真剣に。試合はリラックス

練習は自分が一番下手だと思って取り組み、試合は自分が一番うまいと思って臨む。

練習を工夫する

例）ダッシュ＝平地で走ったり、坂道を使ってみる。片足ジャンプを入れる。坂道も上る場合と下る場合では、使う筋肉が異なるため、バランス良く鍛える必要がある。
例）トスバッティング＝前からトスされたボールを打つだけでなく、後ろ（右打者なら右側）から投げてもらったり、真上から落とされたボールを打つ。
➡いろいろ試してみる中で、自分に必要な練習を見つけ出す。

CHECK!
ネットの目印を目標に
正しいフォームで振る！
29

1

小さな目印を近くのネットに貼りつけ、ヒッティングポイントに見立てる。
フォーロースルーまで集中を切らさないように。

素振り

正しいフォームを意識して 1回１回大切に振る

目印を置いてヒッティングポイントをイメージする

2 実戦を想定し構えの段階から正しいフォームでスイングする意識を持つ。
テイクバックやステップも重心を移動しながら行う。

重いバットはパワー 軽いバットはスピードを強化

バッティング練習の中でも、素振りは唯一、1人でいつでも、場所を選ばずにできるトレーニングだ。しかし、ただ漠然と数をこなすだけでは意味がない。正しいフォームを意識しながら1回1回大切に振るようにしよう。バットの重さを変えることで、パワーやスピードもそれぞれ強化できる。近くのネットなどに小さなマークをつけ、それを目印に素振りを行うと、ヒッティングポイントをイメージしやすい。

ペッパー

ゆるく投げられたボールを相手に正確に打ち返す

軽くミートし、バットコントロール能力を身につける

CHECK！
腰の回転を意識して正確にミートする

3～5 m離れた距離から、ボールをゆるく投げてもらう。最初は打ちやすいコースで行い、慣れてきたら高さや左右のコースを投げ分けてもらう。

ボールをよく見て、正確なミートで投げた相手に打ち返す。強い打球を打つ必要はないが、手打ちにならないよう、腰の回転はしっかり行う。

投げた相手とは別のコースに打ち返す

ペッパーの応用として、投げる側を２人にし、バッターは投げた相手とは別のもう１人に打ち返す練習もある。バットとボールが当たる角度を考えて、正確に打ち分けよう。流し打ちや引っぱるときのヒッティングポイントをイメージできる。

投げる側は２人。バッターに投げるボールはゆるく、いろいろなコースを投げてみる。

左右に打ち分けることで、流し打ちや引っぱるときのヒッティングポイントをイメージしやすいはず。

最初はゴロを打ち返し、徐々にワンバウンドやツーバウンド、ノーバウンドで返せるようにしたい。

ティーバッティング

止まったボールを打ち自分のフォームを固める

ボールをよく見てバットの芯で捉え、最後まで振り抜く

1

どの高さ、どのコースを打つ練習なのか、事前にきちんと意識しておく。
ただ漠然と打っているだけでは大きな効果は得られない。

ティーの置く位置で高さやコースを変えられる

ボールをティー（棒）の先端に乗せ、それを打つ練習がティーバッティングである。止まったボールを打つため、腕への負担やインパクトの感覚は実際に投げられたボールを打つときとは違う。それでもバットの芯で捉えることを心掛け、最後まで振り抜くスイングで自分のフォームを固めよう。ティーの置く位置によって、打点の高さやコースを変えられるので、得意なコースの確認や苦手なコースの克服も可能だ。

2 ジャストミートを心掛けよう。ネットに印をつけ、そのポイントを狙って打つことで、打球方向のコントロールも身についていく。

トスバッティング

トスされたボールをフルスイングで打つ

動いたボールを打つときもフォームが崩れないようにする

CHECK！
前足のステップでタイミングを合わせる

ヒッティングポイントを見極めて、正確にボールを捉える。前足のステップの仕方で、どんなボールにもタイミングを合わせられるようにしたい。

素振りやティーバッティングのときのようなフォームでスイングし、ボールをバットの芯でミートできていれば、自然と鋭い打球になる。

前足のステップで ボールとのタイミングを計る

斜め前方からトスされたボールを正面に打つ練習がトスバッティングだ。素振りやティーバッティングで固めたフォームが、動いたボールを打つ際も崩れないようにしたい。自分のタイミング以外でも、自分のスイングをできるようにする狙いがある。応用編として、肩が開かないようにキャッチャー側からトスされたボールを打ったり、スムーズな体重移動を身につけるために軸足を踏み出してから打つやり方もある。

フリーバッティング

試合を想定しながらいきたボールを打つ

どの方向に、どんな打球を打ちたいか目的意識を明確に

ボールを打つことだけに満足しては進歩しない

フリーバッティングとは、投手がマウンドおよびその周辺から投げたボールを打つ練習のこと。守備につく野手を配置して行うシートバッティングとともに、より実戦に近い形でできる練習である。当てるだけのバッティングや力任せのバッティングはせず、構えからフォロースルーまで、これまでに学んだバッティングの動きをいま一度整理し、一球一球を集中して打つこと。好打者への道はそこから開ける。

打者の守備妨害になるケースと守備妨害にならないケース

守備側の選手のプレーを邪魔したり、阻んだりすることを守備妨害と言う。とくに以下のように、打者が守備妨害を行った場合は、原則として打者はアウトになる。

①打者がバッターボックスの外に出るなど何らかの動作によって、本塁での捕手の守備や送球を妨害した場合。

②バット全体がフェア地域に飛んで、プレーしようとしている野手を妨害した場合。

ただし、上記の例外として、以下のような場合は打者はアウトにならない。

①捕手が打者に守備を妨害されながらも、進塁しようとしていた走者をアウトにした場合。また、ノーアウトかワンアウトで走者が本塁に向かうスクイズや盗塁（ホームスチール）などのときに守備妨害があった場合、守備の対象である走者がアウトになる。

②フェア地域に飛んだ折れたバットの一部が、打球や野手に当たった場合。ボールインプレーとしてプレーは続行される。

さらに、打者の空振りしたバットや振り戻したときの自然な動作など、故意ではなく捕手の守備を妨げたときは、打者の守備妨害とはならない。この場合、盗塁しようとしていた走者はもとの塁に戻され、打者にはストライクが宣告される。

※参考　**野球規則【7・09】**
（b）打者が打つかバントしたフェアの打球に、フェア地域内でバットが再び当たった場合。ボールデッドとなって、走者の進塁は認められない。これに反して、フェアの打球が転がってきて、打者が落としたバットにフェア地域内で触れた場合はボールインプレーである。ただし、打者が打球の進路を妨害するためにバットを置いたのではないと審判員が判断したときに限られる。

Batting troubles and solutions

バッティングの悩み解決

思い通りのバッティングができないとき、
必ずそこには原因がある。
ここで挙げる失敗例を参考にしながら、
悪いクセや打ち方は早めに改善しよう。

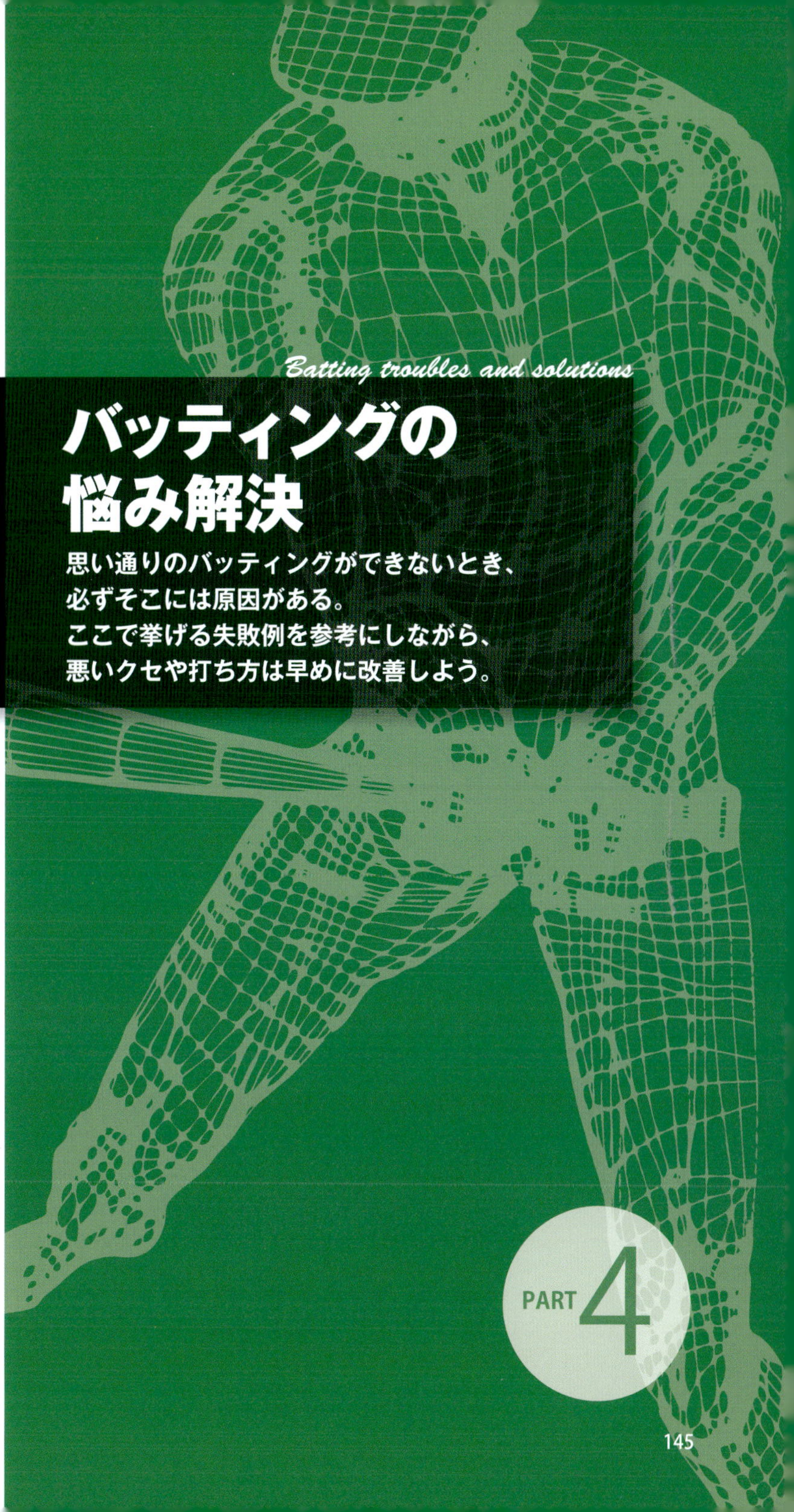

PART 4

空振りの原因と対策

リラックスした状態で ボールをしっかり見る

頭の中のバットの軌道と実際の軌道にズレがあることも

いいスイングが身についていてもバットがボールを捉えなければ、ヒットは絶対に生まれない。

ボールをしっかり見ていない

リリースされてからスイングを開始するまでは当然、ボールを視界に捉えているはず。しかし、インパクトの直前に目を離してはいないだろうか。だとしたら、それはボールを見ていないのと同じこと。バットがボールに当たるまで視線を上げないようにする。

力み過ぎてリラックスできていない

構えの段階やスイングを始動させた後、全身に力が入っていては正確かつスピードのあるスイングができない。力を込めるのはインパクトの瞬間だけ。それ以外はリラックスした状態で相手投手と対峙したい。打席に入る前の深呼吸や小さな予備動作も効果的だ。

イメージと実際のスイングのズレ

自分で思い描いているバットの軌道と、実際の軌道にズレがある。ボールの位置で振っているつもりでも、ボール１～２個分ズレた軌道でバットを振っているのだ。そのズレを解消するには、トスバッティングなどでボールを打つ回数を重ねていくしかない。

バットにボールが当たるまで視線を上げない

打球の行方を気にし過ぎて、インパクト前にボールから目を離さない。

振り遅れの原因と対策

大振りに注意しながら すべての動作を速くする

スイングの始動を早くし、スイングスピードも上げる努力を

バットの振りが大きくなればなるほど振り遅れる可能性が高まってしまう。

スイングの始動が遅い

球速 120㎞のボールが約 18 m先のホームに到達するのに、かかる時間は約 0.54 秒。スイングの始動がほんの少し遅れただけでバッティングは遅れ、程度によってはボールにかすりもしない。リリース直後にコースや球種を見極め、いち早くスイングに入ること。

強い打球を意識して大振りになっている

ボールを飛ばそうという気持ちが強過ぎると、スイングはどうしても大きくなりがち。まずは確実なミートを心掛け、構えからインパクトまで最短距離にバットが出るコンパクトなスイングを意識したい。バットを短かめに持ったり、寝かせて構えるのも手だ。

スイングのスピードが遅い

投手のリリースにタイミングを合わせても、スイングスピードが遅ければ、ヒッティングポイントにバットが間に合わない。前脚のヒザが投手方向に開かないようにステップしながら、腰を鋭く回転させる。速い素振りを連続して行うとスイングスピードが養える。

できるだけ早くコースや球種を見極めスイングに入る

変化球を待っていて速球が来ると、その対応は難しい。基本的には、速い球を主体にした球種に重点を置きつつ、変化球にも対応できる準備をしておく。

泳ぐスイングの原因と対策

上半身が前に傾き当てるだけの打ち方は NG

泳ぐと上半身と下半身が連動せず、ボールに力が伝わらない

ボールを手元まで引きつけられず、迎えにいってしまう時に「泳ぐ」スイングになる。

ステップ幅を調整しボールをしっかり引きつける

バッティングは下半身主導でカラダを動かす。泳いだスイングでは、ヒットはまず生まれない。

タイミングが合っていない

速球を待っていながら緩い変化球が来たとき、待ち切れずに泳いだスイングになりやすい。これは投手にタイミングを外されてしまったため。タイミングを合わせるカギは前足だ。ステップの幅をうまく調整して、ボールをヒッティングポイントまで引きつけよう。

両脇が開き、腕だけで打っている

スイングが泳ぐということは、両脇が開いてしまい、腕だけで打っているということでもある。それではバットに当てることはできても、ボールに勢いや飛距離は出ない。脇をしめてスイングすることを念頭に置き、バットがカラダから遠すぎない軌道を描くこと。

ヒッティングポイントがズレている

内角球は投手寄り、外角球は捕手寄りに引きつけて打つのが基本だ。しかし、へその前でボールを捉える基礎が身についていないと、安定したバッティングはできない。ティーバッティングでフォームを固め、正しいヒッティングポイントをカラダで覚えたい。

ポップフライになる原因と対策

極端なアッパースイングや重心が軸足に残るのが原因

ボールの下をこするインパクトも凡フライになる

ポップフライはゴロの打球よりもアウトになる確率が圧倒的に高く、走者も進塁できない。ポップフライが増えてきたら早めに克服したい。

アッパースイングになっている

アッパースイングとは、バットを下から上にすくい上げるように振るスイングのこと。カラダの軸が軸足側に傾き、投手側の肩が上がっていたり、構えたときのグリップの位置が低い場合に陥りやすい。水平にバットを振るレベルスイングになっているか確認しよう。

前足への重心移動ができていない

軸足と前足にかける重心の比率は、構え６：４→インパクト５：５→スイング終了４：６が理想だ。スイングした後に軸足に体重が残ったままだと、結果的にアッパースイングのような振りになってしまう。スムーズな体重移動を意識したスイングを心掛ける。

ボールの下をこすってしまう

ボールの中心を正確に捉えることができていないために起こる。主な原因としては、球種を正しく見極められていない。もしくは、インパクトの瞬間にボールから目を離してしまっているから。トスバッティングやフリーバッティングを数多くこなせば克服できる。

軸足：前足＝６：４→５：５→４：６を意識してスイング

体重が軸足に残っていると、テイクバックでためた力を使い切れず、ポップフライになりやすい。

ボールが飛ばない原因と対策

インパクト時はもちろん
その前後にも改善点がある

スイングスピードやパワーを補うために筋力アップも必要

ケースバッティングなどを除き、バッティングではできるだけ遠くにボールを飛ばしたいもの。飛距離が出ないのは、ボールに正しくパワーが伝わっていない証拠だ。

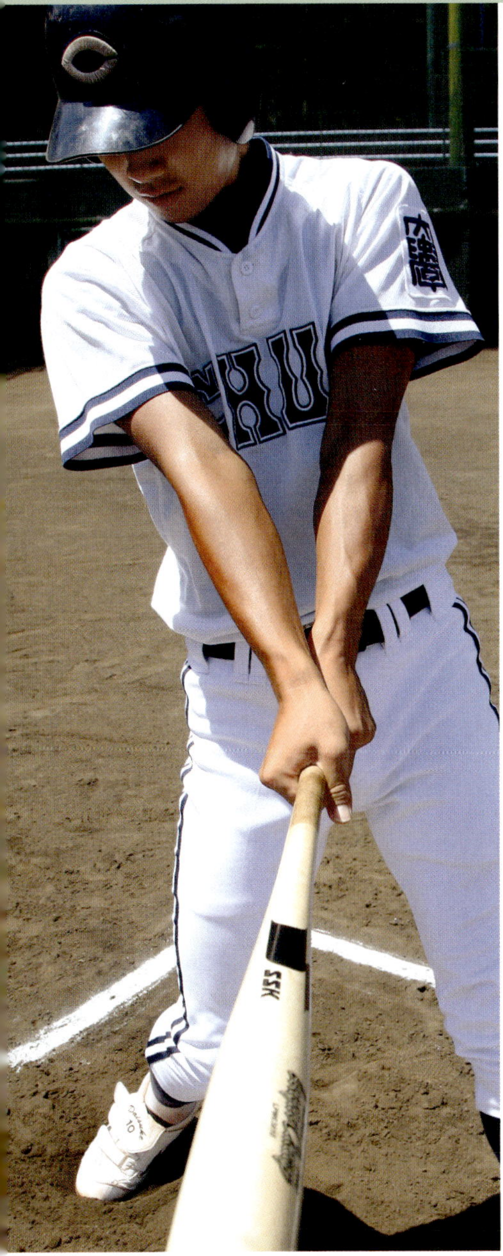

インパクトの瞬間は両腕を伸ばし、へその前でボールを捉える

両ひじが曲がったままのバッティングでは、テイクバックや重心移動でため込んだ力が発揮されない。

テイクバックや上体のひねりが不十分

テイクバック、それに軸足への重心移動と上体のひねりは、バッティングに不可欠。極端に大きな動作は振り遅れの原因にもなるが、逆に小さ過ぎても投げられたボールの威力に負けてしまう。目指すバッティングに応じたテイクバックでしっかり力をためよう。

ひじが曲がり、窮屈な打ち方になっている

スイングはバットがカラダの近くを通るのが基本だが、インパクトの瞬間は両腕を伸ばし、へその前でボールを捉える。これはためた力を最大限にボールに伝えるためで、ひじが曲がっていると窮屈な打ち方になってしまう。両腕と胸で三角形を作るイメージだ。

中途半端なフォロースルー

インパクト後にカラダやバットにブレーキをかけると、ボールに伝わる力は半減する。太ももの内側に力を入れ、最後まで振り切ろう。正しいスイングができていれば、バットは自然とカラダに巻きつくはず。フォロースルーはボールを強く押し出せた証でもある。

外角が打てない原因と対策

目線からボールが遠いため当てることを意識し過ぎる

ストライクゾーンに入ってきたボールはバットが届く

投手は内角で追い込んだあと、外角で勝負してくるケースが多い。とくに変化球で外角を攻められたら泳ぐスイングになりがちだ。

外角は安全と考えている投手は少なくないので、
その隙をついてヒットを打ちたい。

右打者は右に、左打者は左に、逆らわずに弾き返す

ボールの見極めが不十分

外角を突いてくるボールと言っても、速いストレートや外角に逃げていく変化球など、いくつもの球種がある。そこに高めや低めといったコースも加わるため、できるだけ早い段階でボールを見極めよう。外角はコースが見やすいので、落ち着いて対処すること。

ボールを引きつけられていない

外角のコースを打つときは、内角や真ん中を打つときよりもヒッティングポイントが手前（キャッチャー側）に来なければならない。前であればあるほど、カラダの軸がぶれ、泳いだスイングになってしまう。ボールを自分から迎えに行かないようにする。

前足側の肩の開きが早い

右打者の場合、左肩が早く開くと、ヒッティングポイントまでの距離がますます遠のいてしまう。下半身主導の動きを再確認しながら、タイミングよく腰から上を回転させる。素振りやティーバッティングで外角を打つ場面をイメージしながら、苦手意識を克服しよう。

内角が打てない原因と対策

打つポイントが近過ぎると差し込まれて振り抜けない

カラダに迫ってくるボールに恐怖心を持ってもいけない

内角球はカラダとバットをうまくコントロールできないからうまく打てない。窮屈さを感じずに打てるように練習しよう。

ヒッティングポイントが前に来るため、それだけスイングの始動も早く。ボールを怖がってはいけない。

打ちにくさを克服できれば、外角を打つよりも飛距離が出る

ボールを怖がって腰が引けている

内角へのボールは、バッターボックスではカラダに迫ってくるように感じられる。しかし、そこで恐怖心が芽生えて腰が引けてしまっては、いいバッティングはできない。まずは強い気持ちを持つこと。あらかじめホームベースから離れて立つ方法もある。

両腕が伸ばせず、スイングが窮屈

原因はヒッティングポイントが近過ぎるため。前の肩をやや早めに開き、インパクト時に両腕をしっかりと伸ばせる、投手寄りのポイントでボールを捉える。それが前過ぎると、引っかけてファウルになるので、素振りなどで自分のポイントを確認しておこう。

腰の回転運動に鋭さが足りない

スイングの基本は、下半身を主導で動かし、パワーを徐々にカラダの上部に伝えていくというもの。とくにボールとカラダが近い内角を打つ場合は、バットを振る空間が限定される分、腰の鋭い回転が不可欠。カラダの軸がブレないように腰をしっかり回転させる。

ドアスイングの原因と対策

ドアを開閉するように バットが遠回りする打ち方

腕が伸び切ったスイングのため、速い内角球の対応が難しい

ボールを遠くに飛ばそうという意識が強過ぎるとドアスイングになりやすい。ドアスイングは空振りや振り遅れの原因となる。

脇をしめてコンパクトなスイングを心掛ける

バットを両方の手のひらに乗せるように抱えたまま、腰の回転運動を行うことで、脇をしめる意識づけを。

脇が開いたままで大振りをしている

構えやテイクバックの時点で脇が開いていると、スイングに入ってもバットのヘッドがカラダから遠過ぎる軌道を描きやすく、遠心力でパワーが外に逃げてしまう。内角を攻められたら、まともな対応もできない。ヒジをたたみ、コンパクトにスイングするのが理想だ。

下半身主導の動きができていない

下半身からボールを捉える意識がないと、上体との連動もなくなり、ドアスイングのような打ち方になってしまう。体重移動や腰のひねりをスムーズに行い、ためた力を上体へ伝えていこう。オープン気味のスタンスで構えると、下半身主導の動きをしやすい。

ネット前の素振りで改善する

ネットの前にバット１本分の間を開け、その間隔を保ったまま素振りする。ドアスイングではバットがネットに当たってしまうため、とくに軸足側の脇をしめることを意識しよう。バットのヘッドが後から出て、グリップを追い越していけばネットには当たらない。

守備側の打撃妨害により打者に一塁への出塁が与えられるケース

守備側の選手が打者のプレーを妨げることを打撃妨害と言い、以下のような場合、打者には一塁への出塁が与えられる。

①捕手が打者、または打者のバットに触れた場合（ミットや身につけている道具で触れても同様）。

②野手が送りバントを阻止するために著しく前進守備をしたことで、打撃の妨げになった場合。

③打者が打つ前に、捕手または野手が投球を本塁上または本塁より前で捕球した場合。

走者がいる場面で打撃妨害が起きたとき、打者のために塁を明け渡す必要がある走者だけが進塁する。ただし、走者が盗塁もしくはスクイズを試みた場面での打撃妨害では、打者の一塁への出塁とともに、走者の進塁（スクイズの場合は得点）が認められる。

一方、打撃妨害の後にプレーが続いた場合、プレーが止まった時点で、攻撃側に再開の状況を選択する権利が生まれる。たとえば、ノーアウト２塁で打者が妨害を受けながらも送りバントを成功させたとき、攻撃側はプレーが終わった直後、打撃妨害を優先してノーアウト１、２塁で試合再開、もしくは打撃妨害を選ばずにワンアウト３塁のどちらかを選択できる。

※参考　**野球規則【6・07】**
次の場合、打者を除く各走者は、アウトになるおそれなく１個の塁が与えられる。（d）走者が盗塁を企てたとき、打者が捕手またはその他の野手に妨害（インターフェア）された場合。

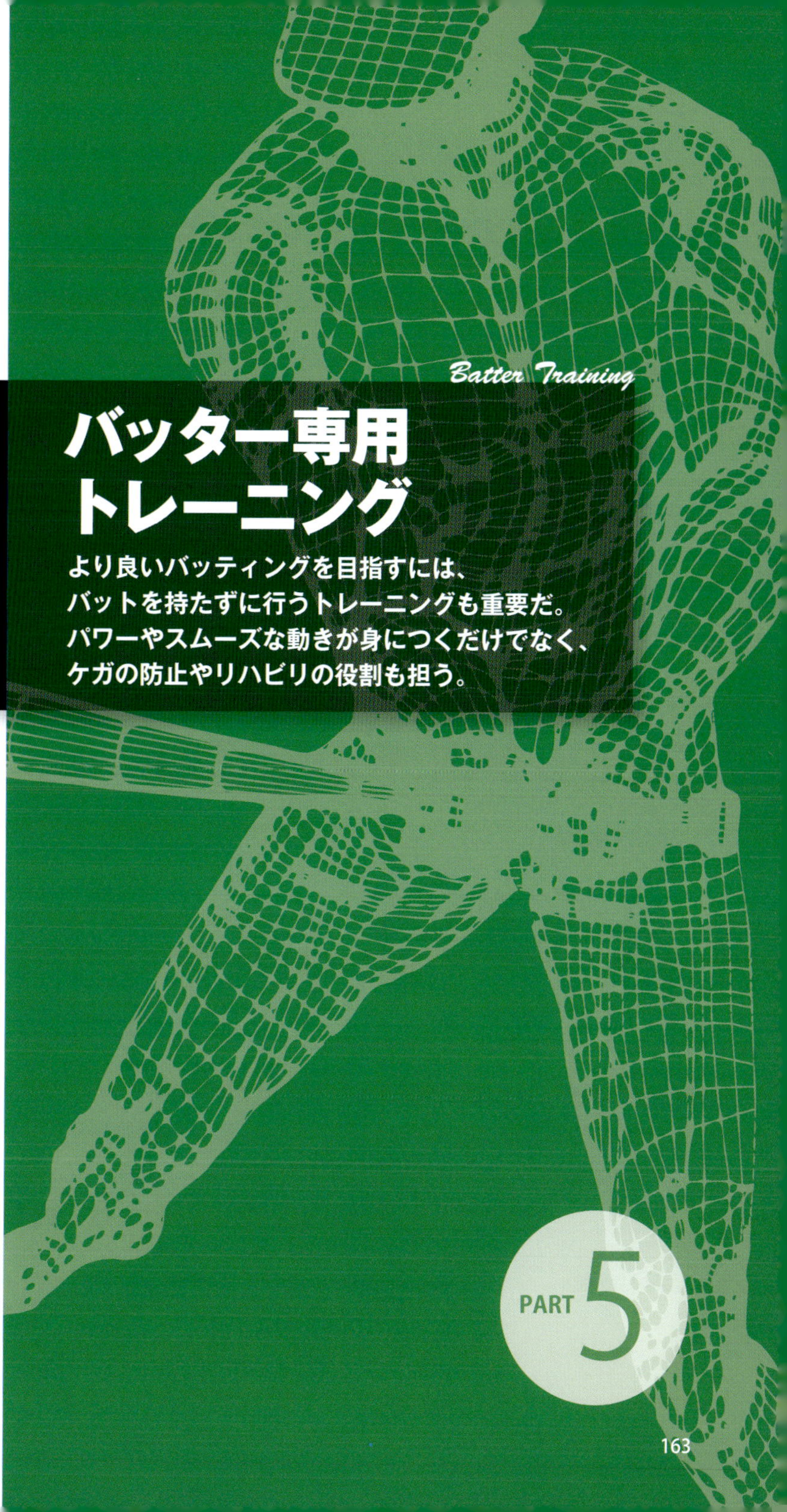

Batter Training

バッター専用トレーニング

より良いバッティングを目指すには、
バットを持たずに行うトレーニングも重要だ。
パワーやスムーズな動きが身につくだけでなく、
ケガの防止やリハビリの役割も担う。

PART 5

トレーニングの概要

パワーを身につけ
故障しにくいカラダを作る

鍛えたい部位や身につけたい動作に意識を集中する

トレーニングの必要性

バットを強く振るために必要なパワーを養う

いくら正しいフォームやカラダの動きを身につけても、相手投手のボールを弾き返す力がなければ、ヒットは打てない。

バッティングの際に使われるカラダの部位を強化することでケガの防止になる

投げる、打つなどで使った関節や筋肉は、疲労したまま放っておくと硬くなってしまう。ストレッチをすることで、コンディションを一定に保つとともに、柔軟性が増せば、動きがよりスムーズに、また、ダイナミックになる可能性がある

バッティングにおいて、とくに鍛えるべき部位

股関節

カラダの中で下半身の中心である骨盤と脚をつなぐもっとも大きな関節で、重心移動やひねりの動作に関しても重要な部位。

体幹

下半身の力を上半身に伝えるために重要な部位。

リスト（手首）

最終的にバットコントロールをしっかり行うための部位。

トレーニングを行う際の注意点やポイント

❶ 日々の練習の中では、負荷の大きいトレーニングは、技術練習に影響しないように野球の練習後に行うのが一般的。
❷ とくに負荷をかけて行う種目では、トレーニングでケガをしてしまわないように、フォームを意識して行う。
❸ 鍛えたい部位、筋肉、身につけたい動作に意識を集中することで、より大きな効果が出る。
❹ 時期によって目的が変わるため、重さや回数は一定ではないが、オフシーズンに筋肉を大きくしてシーズンに向けて最大筋力を上げ、シーズン中はそれを維持する。

バッター専用トレーニング①

肩のストレッチと腹筋&背筋の強化

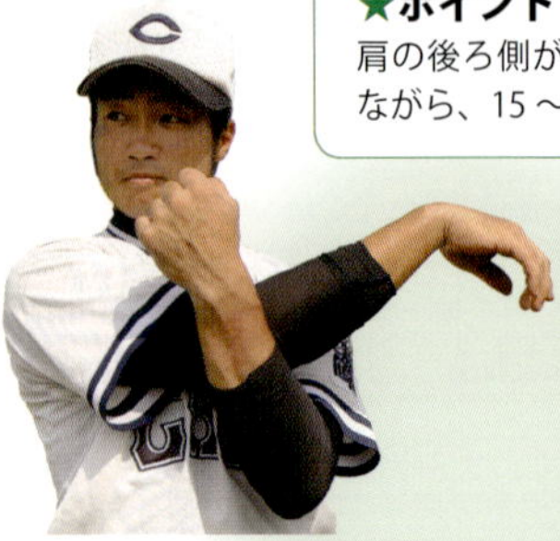

肩の後方のストレッチ

★ポイント
肩の後ろ側が伸びていることを感じながら、15～20秒かけて行う。

◉やり方
ひじを伸ばしたまま、右手を地面と水平に左に伸ばす。右肩の後ろ側が伸びるように左手で右腕を手前に押し戻す。これを逆の腕でも行う。

肩の横（腕～肩～体側）のストレッチ

◉やり方
直立し背筋を伸ばしたまま、右腕を一旦真上に上げてから、ひじの部分で折り曲げる（手のひらが背中に届くイメージ）。左手で右ひじを上から押し下げる。これを逆の腕でも行う。

★ポイント
脇の下付近が伸びるように意識し、15～20秒かけて行う。

肩（後方の外旋筋群）のストレッチ

◉やり方
横向きに寝転がり、右腕をカラダの前に置いてひじを曲げる。左手を右手首付近に置き、右肩ひじの位置がずれないように左手で右腕を下方向に押す。これを逆の腕でも行う。

★ポイント
肩の後ろ側が伸びていることを感じながら、15～20秒かけて行う。強く痛みを感じるところまでは伸ばさない。肩ひじの位置をずらさないこと。

肩前方から胸のストレッチ

◉やり方
壁やフェンスなどに右手を固定して、前方に体重をかけながら胸をひらく。これを逆の腕でも行う。

★ポイント
15～20秒かけて行う。ひじの位置が肩より低くならないように。肩が前に出てしまうと、胸が伸びないので注意する。

腹筋強化

◉やり方

①ヒザを90度ぐらいに曲げ、あお向けになった状態から。手のひらを太ももの前に置いて、起き上がりながらヒザの上まで持って行く。

②右手を左太ももの横に置き、起き上がりながらヒザの横までもっていく。逆の手でも行う。

★ポイント

20～30回を目安に2～3セット。動作中はお尻が浮かないようにする。反動を使わずに起き上がる。

背筋強化

◉やり方

①2人1組で行う。うつ伏せになった1人のふくらはぎ部分にもう1人が乗り、太ももあたりを押さえる。

②上半身をゆっくりと反らせる。これを繰り返す。

★ポイント

20～30回を目安に2～3セット。

背中を上から押さえてもらい、うつ伏せ状態から両脚を上に引き上げる方法もある。

バッター専用トレーニング②

下半身の強化

スクワット①

◉やり方

①両手を頭（もしくは耳）の後ろに据え、足は肩幅よりやや広めに開く。背すじを伸ばし、直立する。
②背すじを伸ばしたまま、ゆっくりと腰を下ろす。太ももが地面と水平になったら①の姿勢に戻し、繰り返す。

★ポイント

10回を目安に2～3セット。目的は太もも、臀部など下半身の強化。下ろしたときに、ヒザとつま先の位置が縦に揃うようにする。ヒザをつま先より前に出さず、動作中は姿勢を意識して、腰背部が丸くならないように。

CHECK!
かがんだときにヒザとつま先を揃えよう！

Multi Vision

スクワット②

◉やり方

①バーベルを肩(頭の後ろ)に乗せて、足は肩幅よりやや広めに開く。背すじを伸ばし、直立する。

②背すじを伸ばしたまま、ゆっくりと腰を下ろす。太ももが地面と水平になったら①の姿勢に戻し、繰り返す。

★ポイント

10回を目安に2～3セット。基本的なポイントはスクワット①と同じだが、負荷がかかる分、ケガの予防のためによりフォームを意識して行う。

目的 下半身の力を上半身に伝える。瞬発力を高める。

ハイクリーン

★ポイント

10回を目安に2～3セット。腰、背中が丸まらないようにする。下半身の力をメインに行う。

◉やり方

①背筋を伸ばしたまましゃがみ、床に置いたバーベルを順手でつかむ。ゆっくりと立ち上がり、バーベルを腰の位置まで持ち上げる。

②バーベルが腰の高さまで来たら、反動をつけて、バーベルを鎖骨の上で保持するように持ち上げる。鎖骨の位置で保持したら、バーベルを腰の位置まで下げる。①～②を繰り返す。

バッター専用トレーニング③

手首と上半身の強化

手首（親指側のライン）の強化①
橈屈（とうくつ）

◉やり方

①直立した姿勢で、ヘッドが水平よりやや下がるように腰の位置でバットを握る。
②腕やひじを動かさず、手首だけを使って、バットを持ち上げる。①に戻し、これを繰り返す。左右両方の手で行う。

★ポイント
10回を目安に2～3セット。力が入っている指に偏りが出ないように、すべての指でしっかり握る。

手首（小指側のライン）の強化②
尺屈（しゃっくつ）

◉やり方

①直立した姿勢で、ヘッドが後方の斜め下に来るように、バットを腰の位置で握る。
②腕やひじを動かさず、手首だけを使って、バットを持ち上げる。①に戻し、これを繰り返す。左右両方の手で行う。

★ポイント
10回を目安に2～3セット。力が入っている指に偏りが出ないように、すべての指でしっかり握る。

手首（手のひらの側）の強化

リストカール、リバースカール

◉やり方
座った姿勢で、リストだけを使ってシャフトを上げ下げする。

順手、逆手の両方をやるとより効果的。

★ポイント
10回を目安に2～3セット。目安の回数、その他注意点、よく見られる間違ったやり方など。

ベンチプレス

目的 大胸筋、上腕三頭筋（二の腕）など上半身前側の強化

◉やり方
①ベンチ台に仰向けになり、肩幅より広めにバーベルを握る。
②両腕を伸ばしてバーベルを持ち上げる。
③胸につく寸前の位置までゆっくり下ろす。②に戻し、これを繰り返す。

★ポイント
10回を目安に2～3セット。持ち上げるときは反動は使わず速く。下ろすときは息を吸いながらゆっくり。

ラットプルダウン

目的 広背筋、上腕筋など上半身背部の強化

◉やり方
①マシンに座り、下半身を安定させてから、バーを握る。
②息を吸いながら胸を張った姿勢でバーを鎖骨あたりまで引き下ろす。ゆっくりと最初のポジションに戻し、これを繰り返す。

★ポイント
10回を目安に2～3セット。腕の力だけで引かずに背中の筋肉で引くように意識する。

チンニング（懸垂）

◉やり方
鉄棒などに手をかけてぶら下がり、鎖骨が棒の位置に来るようにカラダ全体を引き上げる。
※筋力のない中高生は、最初は「斜め懸垂」でもいい。

バッター専用トレーニング④

スイングを意識した動き

バランスディスクでの片足立ち

目的 重心の位置の確認。足底の強化。

◉やり方
バランスディスクの上に片足で立つ。バッティングの構えなどを意識して力を発揮できる立ち方で、しっかり立つ。

★ポイント
立ったまま、浮かしている足を上げ下げする動きもやってみる。

ツイスティングシャフト

目的 股関節、体幹部の強化。

◉やり方
①シャフトを肩にかつぎ、足は肩幅よりやや広めに開く。股関節に力を貯め、体幹部を締めるイメージで。
②股関節と体幹を使って体重を移動する。

★ポイント
左右各 10 回を目安に 2 ～ 3 セット。股関節をしっかり使い、腰が引けないようにする。体幹をしっかり締めて、下半身のひねりの動作に上半身が置いて行かれないようにする。

メディシンボール投げ

目的 下半身の力を上半身に伝える。ひねる動作で力を発揮する。瞬発力を高める。

◉やり方

①メディシンボールを両手で持ち、股関節に力をためて上体を後方にひねる。

②ひねりながら体重を右から左に移動し、下半身のパワーを体幹、腕に伝え、ボールを前方に投げる。逆方向にも投げる。

★ポイント

反動は使わない。下半身（股関節）にためた力を一気に上半身に伝える（力×スピード）。へそとボールの位置がずれないように注意する。ハイクリーン等は下から上の直線的な動きだが、このトレーニングは下から上に行く中で、股関節を起点としてひねる動作も加わる。

Multi Vision

あとがき

野球は楽しみながらやるだけでは、うまくはなりません。うまくなるには「好きになること」だと私は思っています。

オリンピックに出るような選手がよく「楽しんできます」と言うのは、世界のトップ選手が集まる大舞台で、ぎりぎりの極限状態の中でメダルを競い合うことが楽しいのです。

そういう意味で「楽しむ」なら問題はありませんが、多くの中高生はまだそういう域に達してはいないでしょう。将来、高いレベルで楽しむために今、厳しい鍛錬を積む必要があります。そして、その厳しい鍛錬を耐え抜くには、野球への愛情が不可欠になります。

野球は誰かのためにやるのではありません。自分のために、自分がうまくなるために野球を好きになってほしいと思います。

本書ではバッティングを主に、基本の部分を丁寧に解説しました。写真をたくさん使い、色んな角度から見ることで細かい動きがわかるはずです。

理解して実践することができれば、必ず技術は向上するはずです。本書で基本を学んだ皆さんが、将来自分のスタイルを作り上げられる選手になることを願っています。

中央大学硬式野球部
監督　**高橋善正**

監修

高橋善正（たかはし よしまさ）

1944年高知県生まれ。高知商業から中央大学に進学。中大時代に東都大学野球リーグで通算63試合に登板、35勝15敗、188奪三振、防御率1・61という好成績を残した。66年に東映に入団。67年に15勝で新人王になり、71年には対西鉄戦で完全試合を達成。73年に巨人へ移籍、77年に現役引退した。通算成績60勝81敗7セーブ。引退後は巨人、中日、日本ハム、横浜大洋、社会人シダックスの投手コーチを務め、07年に中央大硬式野球部のコーチとなり、08年に監督に就任。1シーズン目で6季ぶりの一部昇格を成し遂げた。

協力

中央大学硬式野球部

Staff

監修／高橋善正
制作／エフプラス
編集／城所大輔
取材・構成／小野哲史
撮影／斉藤 豊
イラスト／吉澤崇晴・楢崎義信
デザイン／シモサコグラフィック
DTP ／ジャパンアート
取材協力／中央大学硬式野球部
企画・編集／成美堂出版編集部（駒見宗唯直）

マルチビジョン・バッティング

監　修　高《たか》橋《はし》善《よし》正《まさ》

発行者　風早健史

発行所　成美堂出版
〒162-8445　東京都新宿区新小川町1-7
電話(03)5206-8151　FAX(03)5206-8159

印　刷　凸版印刷株式会社

ISBN978-4-415-30752-7
落丁・乱丁などの不良本はお取り替えします
定価はカバーに表示してあります